U0533477

〔星原说〕

谨以此书的编撰作为纪念朱乃正先生从未弱冠起就已经追求的艺术道路和成就。

回望

朱乃正手书童年

朱乃正 著
[美] 曹星原 编

朱乃正艺术研究中心丛书 II

人民东方出版传媒
People's Oriental Publishing & Media
东方出版社
The Oriental Press

简历

朱乃正
（一九三五至二〇一三）
男，浙江省海盐县人，中央美术学院教授。

一九五八年毕业于中央美术学院。一九五九年春分配到青海省工作，在青藏高原工作二十一年。其间，历任青海省美术家协会副主席、青海省人大常委。一九八〇年春调回中央美术学院任教。曾任中央美术学院油画系第三工作室副主任、油画系副主任，中央美术学院副院长，中央美术学院学术委员会主任，教授，研究生导师，博士生导师，中国美术家协会理事，油画艺术委员会主任，中国油画学会副主席，全国政协委员，中央文史馆馆员。

二〇一三年七月二十五日〇时三分，朱乃正先生逝世，享年七十七岁。

编者言
回忆是自我点评

曹星原

　　都说越到晚年,越容易回忆过去,朱乃正老师也是这样。这本书是这位古稀老人回首六十年前经历的自述,充满了对自己童年的美好记忆。一切回忆都是美好的,哪怕是不幸的经历,在回忆中也最终是一道淡淡的伤痕。一向达观爽然的朱乃正回首往事,更是如同水彩速写一般的明快敞亮。

编撰始末

二〇〇九年的一天，他郑重地交给我一份打印的材料和一个笔记本，细细一读，原来是他的手书童年回忆草稿和打印稿。他谦虚至极地说要我看看行不行，哪里需要动动。我哪里敢改动啊！一口气读完，原来这个回忆稿基本上记录了他的童年记忆和从大人那里听来的家族故事。从他出生的时候写起，写到一九四八年跟着父母回海盐老家。第二年，就是一九四九年，由于他的父亲朱则尧先生所就职的商务印书馆迁往北京，他跟着父母来到了他一生中生活最长久的，也是他的精神的故乡——北京。但是这篇回忆稿，只写到他和父母进北京前，就搁笔了。

读到这里，我问："后面的生活经历什么时候续写啊？特别是离开中央美术学院到青海的生活，是你人生的高潮。"他定定地看着我，吐了一口烟，然后慢慢地说："一九四九年之后的事情，就不好写了，以后再说吧。"在得知乃正师生重病后，治疗和调养的间隙，我们聊了很多。我也曾几次把话题岔开，引他讲述他从一九五七年在中央美术学院毕业前夕到一九五九年分配到青海工作这段时间中的经历。终于他开口了，慢慢地说了很多。说完之后，一再嘱咐我，不要轻易撰文公布他说的这些事情，因为牵扯到许多人和事。这几年我在北京打理按照他的遗嘱创立的朱乃正艺术研究中心，也有意识地接触了一些他的同学、朋友，以便更清晰地在我的脑中勾画出这一段他不愿回首的日子的图景。又对照了他交给我的他的大学时期的日记，发现他的记忆中有些部分或者不准确，或者这些事情在他的经历中留下了太多的刻痕，只是略略说了个大概，至于具体的情况，只能留给后人评说。

　　他给我"回忆"手稿的二〇〇九年，正是中国画坛动辄"中国表现主义油画"，张口"中国古典油画"闭口"中国抽象油画"，一派非挂上西方旧有流派的名头不能做展览的局面。在乃正师的要求和鼓励下，我为他和他的学生、朋友在中国美术馆策划展出了《悟象化境：传统思维的当代重述》展。在这个展览中，我第一次高调提出：当代的中国艺术，必须是"附丽在传统之上的当代"，而不是狗尾续貂，举着西方已经过气百多年的绘画流派的大旗，装作标新。在这个展览和画册中，我以五万字上下中英文双语的理论陈述，使朱乃正老师的艺术成就及其学生和朋友的追求都嵌入传统与当代的榫卯结合点上。

通过长时间和他的讨论以及细致研究他的艺术特点，在二〇一二年，我终于找到了建构他的个人艺术造诣特殊性的切入点。因此给我为他策划的回顾展撰写了《黑白东西：朱乃正艺术思行研究》研究图录，以书法用笔入油画的语言的开拓，使传统审美情趣与受到西方影响、代表他生活的时代的视觉表达方式完美地融合在一起，在油画的语汇中增添了探索中的书法气势与笔触和色块的使转效果。在《悟象化境》展之后，更在他的《黑白东西》展览之后，已经在做油画与水墨审美契合研究的画家，更加多了起来。而当时还没进入这个语境中的画家似乎突然也找到了一个新的起点。二〇一〇年前后，中国油画界出现许多关注传统、回望传统的语言研究，全国上下，蔚为大观。

遗憾的是，在二〇一三年七月，乃正师搁笔仙游，使得他要我一步步建构、论述他的艺术追求和理念的努力戛然而止。二〇一四年，许多地方都在举办朱乃正先生逝世一周年追思会，我也在刚刚成立近一年的朱乃正艺术研究中心员工的辅助下编撰了《响当当的铜豌豆：传奇画家朱乃正》图传。这本图传主要以乃正师生平重要的节点的图像记录为线索而编的，以便给人们对这位传奇画家的追思、念想提供慰藉。

从上述所有以朱乃正老师为核心而撰写的书籍来

看，朱乃正艺术研究中心常常需要回答一个问题：朱乃正先生是如何走进艺术，走向了他所占据的历史地位？因此我整理编撰了这本《回望——朱乃正手书童年》。从年代顺序来看，这本书应该排在《响当当的铜豌豆：传奇画家朱乃正》之前，于是就形成一个传奇画家的人生三部曲：童年的经历与艺术启蒙、人生历程，和他的艺术成就定位研究。

本书也将作为著名书法家的他的手书草稿完整印出，以飨读者。

书名来源

《回望——朱乃正手书童年》的题目，演绎自乃正师在二十世纪九十年代的个展的题目《回望昆仑》。一九八〇年已经回到北京的朱乃正，展出了包括他在青海二十一年中所作的小油画写生以及几次重回青海所画的写生。这本书作为他的童年回忆自述，取用了"回望"两字。

从哲学的角度来看，人生总有一些令人难以忘怀，或者刻骨铭心的记忆，也就是谁都有忆旧的时候。但是只有那些能够从过去的岁月历练中寻找去路的人，才是具有思辨能力的。当乃正师自己在他的学生张路江的协助下策划《回望昆仑》时，他把自己在昆仑山下的日子和回望的日子分成自己艺术生涯的两大部分，并尽可能地将这两部分贯穿为一体，使自己的艺术灵感之源根植在青海的山河云天之际。在青海所作的作品是"对过去的一种累积性的建构，也是对过去的一种穿插式的建构"的同时，更是把定位坐标确立在当下，以审视和判断的目光回望自己走过的路。

在《回望昆仑》中，"回望"是个瞬间动作，这个瞬间是对过去的观照，而在下一个瞬间，就是转身前行。这本《回望——朱乃正手书童年》则是一个古稀老人，定定地在自己人生的最后阶段，回望一生之后，精挑细选而择出自己最愿意流传的部分娓娓说给后人。

从自我书写的童年回忆，可以基本看出一个有成就的人所走过的路径和做出的选择，点点滴滴最后汇成一个人生主流趋向。

我们也看到：回忆就是自我点评。

谨以此书的编撰作为纪念朱乃正先生从未弱冠起就已经追求的艺术道路和成就。

目录

自叙	010
一　生在金陵朱家	013
二　父亲和母亲	025
三　上海大家族	045
四　儿时的天堂	057
五　开蒙之时	079
六　外婆家	089
七　国破家散	117
八　父亲的失望	127
九　孟母三迁	141
十　川岛芳子，川岛芳子！	159
十一　敬业中学	173
十二　贪玩的我	187
十三　国民党溃败	199
十四　古盐祖地	205
十五　朱家老宅	217
十六　瞬间的永恒	233
鸣谢	248

自叙　朱乃正

这里的油画写生作品，都是我数degreesgree在西部高原，于不同时期，用自己的肉眼肉感记录传到的真实笔迹。尚若在我有生之年，还能去站在那块孕育着伟大华夏文化的大地上，我将情不自禁地用自己的手笔使之延化。我不知数骗他的眼睛，也不欺欺骗那些同样热爱自然造化与美的观者之眼。我尝想：为何时下在宣扬力推流行的"现代艺术"时，莘莘学子仅注意其观念和表象多层的人文含义，却为何都漠视抑或化万千的真实视觉形态，似乎反倒不具人类固有共鸣的心智、情感与哲思？也想用自己的画笔来诠释这一疑问，也许可以使人识到这一几十年的"误区"。否则，人的视觉审美休是无根之木，无水之源。陷入自欺欺人的泥淖而无以自清自拔。

此外，有心的观者，必将发现：在这些作品中，有两个时期的空缺。第一段是1964年至1972年，那是被迫无奈的年代；而从1982年至2000年，竟有长达近20年的中断。而新世纪已来临。鞭鞑前者，是他人耶？说他们的而无法面对自己的追问和追击后的克隆，这使困我常：追悔不已。但人云，亡羊补牢，犹为未晚。尽管视力渐衰，胼胝易乏，手拙欠灵。但我每次回到西部高原，依然掣笔小画箧。每画完一幅写生，也感到充实，也从自然造化中得到艺术和人生的真谛以及继续奋斗的烛。

在此，衷心感谢所有帮助此次画集与画展的朋友们！

2002年10月

自叙

朱乃正

这里的油画写生作品，都是我数十年在西部高原，于不同的时期，用自己的眼睛感受、体悟到的真实笔迹。只要在我有生之年，还能去站在那块孕育出伟大华夏文化的大地上，我将情不自禁地用自己的手、笔使之迹化。我不能欺骗自己的眼睛，也不愿欺骗那些同样热爱自然造化、生命美的观者之眼。我常想：为何时下在褒扬、力推流行的"现代艺术"时，总会归引出玄奥的自我观念和复杂多层的人文含义，却为何鄙薄贬抑造化万千的真实视觉形态，似乎反倒不具人类同有共具的心智、情感与哲思？我想用自己的画笔来诠释这一疑问，也许可以使人识别这一不小的"误区"。否则，人的视觉审美将是无根之木、无源之水，陷入自欺欺人的泥沼而无以自清自拔。

此外，有心的观者，必能发现：在这些作品中，有两个时期的空缺。第一段是一九六四年至一九七二年，那是被迫、无奈的年代；而从一九八二年至二〇〇〇年，竟有长达近二十年的中断。而新世纪已来临。蓦然回首，是忙？是懒？说什么理由都无法面对自己的追问和逝去的光阴，这使我常常追悔不已。但古人云：亡羊补牢，犹未为晚。尽管视力渐衰、腿脚易乏、手指欠灵，但我每次回到西部高原，依然带着小画箱。每当画完一幅写生，我感到充实，也从自然造化中得到艺术和人生的真谛以及继续事艺的力量。

在此，衷心感谢所有帮助此次画集与画展的朋友们！

二〇〇二年十月

(一) 生在金陵朱家

公元一九三五年十一月廿五日，陰曆亥年十月三十，一个姓朱的我生于江苏南京呱呱坠地。在我之前有一姊一兄，姊为大，生于一九三一年陰曆与月廿九，兄为次，生于一九三三年八月二十八。

三人生辰颇有顺序。陰两年，阳两月，而生日依次为廿五、廿九、卅。属羊、鸡、猪。这种排列顺序亦属奇巧。

到我们这一代，取名已不按家谱接续。姊弟三人皆由父亲取：朱乃心、朱乃一、朱乃正。

笔划少，亦好记写，排下来是心一正。

老家原籍是浙江海盐，地处钱塘江边，

（一）生在金陵朱家

公元一九三五年十一月二十五日，阴历亥年十月三十，一个姓朱的我在江苏南京呱呱堕地。在我之前有一姊一兄，姊为大，生于一九三一年阴历六月二十九，兄为次，生于一九三三年阴历八月二十八日。三人生辰颇有顺序，年份隔两年，月份隔两月，而生日依次为二十八、二十九、三十。属羊、鸡、猪。这种排列顺序亦甚奇巧。

到我们这一代，取名已不按家谱接续，姊弟三人皆由父亲取：朱乃心、朱乃一、朱乃正，笔画少，亦好记写，排下来是"心一正"。

老家原籍是浙江海盐，地处钱塘江边，追溯祖上，祖上追溯，书香官宦，亦为书香。是谁的后裔？也难确定。或朱元璋，如是，则为大明后代；或是朱熹，则是名儒之后。总之，皆可虚认而自诩。

衍祖父（朱仲钧）一代使从家乡出来。那时上海码头早已兴起，百业荟萃，四面八方都到这十里洋场来谋生、求发展。五四运动后，文化人也云集沪上。(张菊生) 了张元济创办了商务印书馆。因是同乡，祖父就在商务印书馆就职辅佐。

张菊生张元济——光绪皇帝的大臣，戊戌之变激当是官宦，亦为书香。是谁的后裔？也难确定。或朱元璋，如是，则为大明后代；或是朱熹，则是名儒之后。总之，皆可虚认而自诩。

从祖父（朱仲钧）一代便从家乡出来，那时上海码头早已兴起，百业发达，四面八方都到这十里洋场来谋生，求发展。"五四运动"后，文化人也云集沪上。张元济创办了商务印书馆，因是同乡，祖父就在商务印书馆就职辅佐。

张元济——光绪皇帝的大臣，变法之前颇受器重。变受器重。玄坛改成。陈即退隐居间。投入文化出版事业。在新文化史上。占有重要一页。一九O九年 民国以后 解放。新中国成立。他被中央政府请出到北京，参加第一届全国政协会。是最老的委员。

由于张元济和祖父是世交。所以使成了我父亲的义父（干爹）。我父母成婚之时。张还做了证婚人。

我生之年。犹属战前。其时国中经济文化都颇景气。生活也好。文化界纸泛跃。父亲在交通邮政部门任职，每月薪水大概有三、四十银洋。还租住一小楼，顾一佣人。据母亲经常唸道，当时请客上家吃饭，鸡鸭鱼肉，冷法败后,张即退隐民间。民国以后,他投入文化出版事业,在新文化史上,应有重要一页。一九四九年,中华人民共和国成立,他被中央政府请到北京,参加第一届全国政协会议,是最老的委员。

由于张元济和祖父是世交,所以便成了我父亲的义父(干爹),我父母成婚之时,张还做了证婚人。

我生之年,犹属战前,其时国中经济、文化都颇景气,生活也好,文化界很活跃。父亲在交通邮政部门任职,每月薪水大概有三四十银洋,还能住一小楼,雇一用人。据母亲经常念叨,当时请客在家吃饭,鸡鸭鱼肉、盘垫炒鱼酒水齐全，总共花费只有一个大洋左右。这事我记忆犹新，但觉得不可思议。了得我才出生，对此类事毫无辨验。

在南京，家住的地方名为螺丝转弯，抗战伊始，南京沦陷，国都南迁至重庆——称为陪都。南京被日军烧、杀、房、掠，令世人震惊的南京大屠杀，至今仍是中日关系的一段无法了结的公案，那个螺丝转弯的小楼，皆它在日军的炮火下，化为灰烬。上世纪六、七十年代，我在金陵城中曾打听寻觅其迹，终未遂。但这个稀奇特的地名——螺丝转弯却装在心中，至今未消。

冷盘热炒、酒水齐全，总共花费只有一个大洋左右。这事我记忆犹新，但觉得不可思议，可惜我才出生，此美事当无体验。

在南京，家住的地方名为"螺丝转弯"。抗战伊始，南京沦陷，国都南迁至重庆（被称为"陪都"）。南京城被日军烧、杀、掳、掠，令世人震惊的南京大屠杀至今仍是中日关系的一段无法了结的公案、难以愈合的痂结。那个螺丝转弯的小楼，肯定在日军的炮火下，化为灰烬。二十世纪六七十年代，我在金陵城中曾打听、寻觅其迹，终未遂。但这个很奇特的地名——螺丝转弯，却装在心中，至今未消。

父亲朱翘

朱家三姊弟

张元济

[一] 生在金陵朱家

罗睺像

[星原说]

令乃正难以忘怀的「螺丝转弯」胡同这个古怪的名字后面有个传奇故事：

(一) 清《同治上江两县志》记载，螺丝转弯这条巷子本来是"路曲如环"，犹如螺蛳壳，所以民间称为「螺丝转弯」。

(二) 明代南京著名学者顾起元的《客座赘语》说道：「入石城门，往东大街折而北，路曲如环，俗名螺蛳转湾。或曰讹也，路曲处乃铁塔寺墙脚，寺旧名罗寺。此路值其隅角，故曰罗寺转湾耳。」

(三) 「罗寺」本名「延祚寺」，始建于南朝刘宋时期，就是公元五世纪。至唐代时有灵智神师，号罗睺和尚。这位神师虽然双目失明，却精通经文，人们认为他「有天眼」，因此取「罗睺」的「罗」，将延祚寺称为「罗寺」。「罗睺」这个名字来自印度教的Rahu，就是印度神话中的阿修罗之一。在印度神话中，由于罗睺经常以太阳和月亮为食物，就造成日食和月食。

(四) 如今的螺丝转弯已经不完全是当年的历史面貌，但依稀可以辨认出当年弯弯曲曲的走势。

〔二〕 父亲和母亲

父亲名翘,字则尧。在家是长子,按乡里习惯,平时呼小名,需加一官字。父亲小名是铠,故叫他铠官。幼时在老家读私塾。弱冠即随祖父到海上,求学于南洋大学——即交通大学前身。学的专业是铁道管理。虽然在传统家庭受神教的训诫,但亦在大学中接受西方的文明与民主思想。在南洋大学的年鉴上,还可以找到他在校足球队留下的照片,年少英姿,似一代骄子。一九三七年抗战爆发,父亲即随南京政府迁移至蜀。母亲一人带着我们姊弟三人到

[二] 父亲和母亲

父亲名翘,字则尧,在家是长子,按乡里习惯,平时呼小名,需加一"官"字,父亲小名是智,故叫他"智官"。幼时在老家读私塾,弱冠即随祖父到上海,求学于南洋大学——上海交通大学前身。学的专业是铁道管理。虽然在传统家庭受礼教的训诂,但亦在大学中接受了西方的文明与民主思想。在南洋大学的年鉴上,还可以找到他在校足球队留下的照片。年少英姿,似一代骄子。一九三七年全国抗战爆发,父亲即随南京政府迁移至巴蜀,母亲一个人带着我们姊弟三人到上海外婆家安

上海外婆家安顿住下。岂没抗战八年，胜利光（直至1945年）复后，父亲才从重庆飞回上海。对父亲真正的记忆是从那时展开始的。

母亲王玲梅，是上海本地人。王家是个大家族，在沪西住有一大片土地，就坐落在的地段，是镇宁路北端一带。解放前，称为钱家巷。

王家这一族到外祖父一代共有弟兄三人，故分三房，在一个有三进的宅院里，外祖父住西半个（北）院子，西临一小河。另外祖父之兄（异母同父）住东边院宅，东临一河。河东有菜地，种的是各种四时菜蔬。菜地东北角还有一个亭子。

[二] 父亲和母亲

顿住下。兹后八年,直至一九四五年光复胜利后,父亲才从重庆飞回上海,我对父亲真正的记忆是从那时候开始的。

母亲王玲梅,是上海本地人。王家是个大家族,在沪西占有一大片土地,就现在的地段,是镇宁路北端一带。解放前,称为"钱家巷"。

王家这一族到外祖父一代共有弟兄三人,故分三房。在一个有三进的宅院里,外祖父占西北半个院宅,西临一小河。外祖父之兄(异母同父)占东边院宅,东临一属于洋派，所以盖的是三层洋楼。外祖父一家似与汾东那个洋楼家关系疏远，一般年甚少往来，我等小辈也很少过河去玩耍，恐受冷犬或恶少欺侮。

外祖父在我刚到上海不久后便去世，是个肓者。外祖母是个勤劳、节俭持家的人，一家所有的担子，全由她承受。几乎整日在菜地里劳作，还要做三顿一家老多的饭，洗所有的衣物，小的孩子，慈祥白天下地，做饭和洗涮已扬累，晚上还要坐的灯下织毛衣。平和的脸和一双粗糙的手。据我所知，这劳动了一辈子的人，似乎从未得过病。所以才终究以操劳，而终日操劳，又使其肌体坚韧结实。外婆生了五个儿女：大姨妈、母亲大舅、小姨、小舅。

河。河东有菜地,种的是四时各种菜蔬。菜地东北角是另一个兄弟,属于洋派,所以盖的是三层洋楼。外祖父一家似与河东那个洋楼家关系疏远,一般无甚往来,我等小辈也很少过河去玩耍,恐受恶犬或恶少欺侮。

外祖父在我刚到上海不久后便去世,是个盲者。外祖母是个勤劳、节俭持家的人,一家所有的担子,全由她承受,几乎白昼整日在菜地里劳作,还要做三顿人口众多的饭,洗所有的衣物。外祖母有着小小的个子,慈蔼平和的脸和一双粗糙的手,白天下地,做饭和洗濯已十分劳累,晚上还要在油灯下织发网。据我所知,这劳动了一辈子的人,似乎从未得过病,所以才能终日操劳,而终日操劳,又使其机体坚韧结实。外婆生了五个儿女:

我的童年就是在上海沦陷、抗战八年、(字住)躲在十里洋场中的一个完全是农村式的生活环境（姐亭桥）中度过的。

寄养在外婆家、父亲在内地、母亲随后也离上海到重庆寻父亲、生活艰难、度过许多至今难忘的屈辱。要说童年，我是不完很切、或是有缺陷的。确切地说：我的童年没有童年。不知道在以后的描述中，我能否真切地表达。

母亲没什么学历，念过几年小学。因家境日衰，出外觅事，到纱厂去当童工。生在封建家庭的她，是个聪明、好强、独立自主的女性，

[二] 父亲和母亲

大姨妈、母亲、大舅、小姨、小舅。

我的童年就是在上海沦陷、抗战、寄住在十里洋场中一个完全是农村式的生活环境中（很奇特）度过的。

寄养在外婆家，父亲在重庆，母亲随后也离上海到重庆寻父亲。生活艰难，我们受过诸多至今难忘的屈辱，要说童年，我的是不完整的，或是有缺陷的，夸张地说，我的童年没有童年。不知道在以后的忆述中，我能否真切地表达。

母亲没什么学历，念过几年小学，因家境日衰，只能辍学，到纱厂去当童工。出身在封建家庭的她，是个也可以说是有叛逆精神的女性。不甘于做封建道德的牺牲品。年青时，长得娇小而秀美动人。自己将做工挣下的钱，省俭积攒。在一个爱国女中读了二年，提高自己的文化。这两年接受了许多新思想，成为王家大宅里出现的第一个新女性。所以不可能受父母之命媒妁之言去完成终身大事，而是由经过较为漫长认识了我父亲，近三年的自由恋爱。父亲当时还在外地（高邮）工作，所以常以书信来往。记叙两地书'使我母亲的文字能力大大提高。父亲的字非常好，她有意地学习，久之就渐渐相似，直到晚年，她书写的信，就一直保持迹。

民国时期女学生

聪明、好强、独立自主的女性,也可以说是有叛逆精神的女性,不甘于做封建道德的牺牲品。年轻时,长得娇小而秀美动人。自己将做工挣下的钱,节俭积攒,在一个名为"爱国"的女中读了两年,提高自己的文化。这两年母亲接受了许多新思想,成为王家大宅里出现的第一个新女性。所以不可能受父母之命、媒妁之言去完成终身大事,而是由别人介绍认识了我父亲,经过近三年较为漫长的自由恋爱。父亲当时还在外地(江苏高邮)工作,所以常常雁书来往,两地书使我母亲的文字能力大大提高。父亲的字非常好,她有意地摹习,久之方正有力不苟的风格，根本不像女子的笔迹。追寻起来，这源自于她的性格。不屑做一个弱女子。

和父亲结婚，硬是打破传统陈规。坚决不坐花轿，不蒙头盖，而是穿旗袍，着高根鞋。坐汽车。在家引起了轩然大波，议论纷纭："这个玲小姐（大家对她的称呼）太过份，太时髦。"

殊不知，这正是她故意要让周围那些"恪守老法"——虔诚教的人吃一惊。任凭七嘴八舌的风言风语，吹一阵就偃旗正鼓了。

结婚前，母亲曾经工作过一段时间。做的是中文打字。据说在应聘政校当场打字的时候，就渐渐相似。直到晚年,她书写的信,字迹一直保持方正、有力、不苟的风格,根本不像女子的笔迹。追寻起来,这源自她的性格,不屑做一个弱女子。和父亲结婚,她硬是打破传统礼规,坚决不坐花轿、不蒙头盖,而是穿旗袍、着高跟鞋、坐汽车。这在王家引起了轩然大波,议论纷纷。"这个玲小姐(大家对她的称呼)太过分,太时髦。"殊不知,这是故意要让周围那些恪守"老法"——旧礼教的人吃一惊,任凭七嘴八舌、风言风语,吹一阵也就复归正常了。

结婚前,母亲曾经工作过一段时间,做的是中文打母亲的速度极快，一分钟平均可打与十个字（以上为汉）。佗婚后，父亲在南京工作，不久她也随（而去）在那里安家。先后生了妹々与哥々。操持家务，抚养子女。

字。据说在应聘考核、当场按时间打字的时候,母亲的速度最快,平均一分钟可打六十个以上的汉字。结婚后,父亲在南京工作,不久她也随之而去,在那里安家,先后生了姊姊与哥哥,操持家务,抚养子女。

母亲与姊弟三人

一九六〇年，母亲王玲梅女士

[二] 父亲和母亲

中文打字机

[二] 父亲和母亲

〔星原说〕

一九一五年留美学生祁暄发明了中文打字机,朱母果然时髦,在二十世纪二十年代就已从事打字工作。

你知道吗?中文打字机尚未普及便为电脑所取代。

上海日华纱厂里的童工

〔三〕上海大家族

儿时 —— 钱家巷 —— 菜地 —— 篱笆

整个儿时是在上海沦陷时度过，所以所有的回忆就和钱家巷王宅周围紧密联系的关系。

自我一岁多随母亲逃难到上海寄住在外婆（上海称姆妈）处，八年之久。起初，常啼哭不止，不论昼夜，总需有人抱，甚至夜晚，若离开人抱，即号啕整夜。且边哭边指向东南方。顺此方向寻去，人们说是指河浜。相传河里常有怪物，晨雾中出没水上。

我想：啼哭了一年多，一个女佣抱得实在吃不消，辞掉了。在这段日子里，外公病逝，不久小舅

儿时——钱家巷——菜地——篱笆

整个儿时是在上海沦陷时度过，所以所有的回忆就和钱家巷王宅和它的周围紧密难分。自我一岁多随母亲逃难到上海寄住在外婆（上海称"嬭娜"）处，八年之久。起初，常常啼哭不止，不论昼夜，总需有人抱。甚至夜晚，每离开人抱，即号啕彻夜至黎明，且边哭边指向东南方。顺此方向寻去，人们说是指东面的河滨。相传河里常有怪物——落水鬼，晨雾中出没水上。我整整啼哭了一年多，一个女佣抱得实在吃不消，就辞职了。在这段日子里，外公病逝，不久小舅也早殁。大家都说也如此早殁。大家都说是被我笑死的。外公怎么死，我已无知，而小舅是在炎夏的午睡时，穿堂风加电扇（那个电扇一直在用，是GE老牌）吹出来的病。死得很突然。外婆为之长年气痛。后来大家都归罪在她而并非迁怒及小舅。是不是我笑死的，只有天知道，但我心里始终有一块暗之的疑影，觉得欠外婆很多。因为外婆对我很好。四年后，大舅的长子出生，他叫三浮铭，作为长孙，自然是受宠爱，但外婆待我如故。我小二人成为捆绑的伙伴。

父亲在重庆，时有讯息传来，说父亲一人，孝在饮茅损，以致卧病，母亲情急，毅然决然地

[三] 上海大家族

GE 老牌电风扇

是被我哭死的。外公怎么死,我已无知,而小舅是在炎夏午睡时,穿堂风加电扇(那个电扇一直在用,是GE老牌)吹出来的病,死得很突然。外婆为之长年哀痛,后来大家都回避在她面前提及小舅。他们是不是被我哭死的,只有天知道,但我心里始终有一块暗暗的疑影,觉得欠外婆很多,因为外婆对我很好。四年后,大舅的长子出生,他叫王淳铭,作为长孙,自然是受宠爱,但外婆待我如彼。从小二人成为相嬉的伙伴。

父亲在重庆,时有消息传来,说父亲孤身一人,常夜饮劳损,以致卧病,母亲情急,毅然决然地携哥哥从携弟二经沦陷的上海，绕到大后方，曲折地到重庆和父亲相聚。此后，几乎毫无音讯。在外婆家就留下比我大四岁的姊姊。母亲临走前，找到一个专门照顾我姊弟俩的女佣，名叫木英。木英个子很小，乌黑的头发，梳成一髻，脸色红润，小尖鼻，小细眼，嗓音却十分响亮，不论我在何处，都能听到她呼喊。每天三顿饭、洗衣、打扫都由她来完成。母亲临离上海时，留了两担米，留了些钱，很快就用完。之后，只有靠外婆家供养。全家除了有一块地租收外，主要靠大男（王叔山）在沪西杨树浦大隆机器厂当拿薪水，这个厂是苏州大资本家严氏的产业之一，沦陷的上海,绕到大后方,曲曲折折地到重庆和父亲相聚。此后,几乎毫无音讯。在外婆家就留下比我大四岁的姊姊。母亲临走前,找到一个专门照顾我们姊弟俩的女佣,名叫木英。木英个子很小,乌黑的头发梳成一髻,脸色红润,小尖鼻,小细眼,嗓音却十分响亮,不论我在何处,都能听到她的呼喊。每天三顿饭、洗衣、打扫都由她来完成。母亲临离上海时,买了两担米,留了些钱,很快就用完。之后,只有靠外婆家供养。全家除了有一点地租可收外,主要靠大舅(王政山)在沪西猪油浜大隆机器厂当总务的薪水。这个厂是苏州大资本家严氏严家衣庄,炉两地有许多纱厂、纺织厂、机器厂。王宅东半扇的"老爷"(也是外公),要娶的就是严家的女子,因此,爹是通过这层关系才进入太隆机器厂。

日伪时期,机器厂一度停工,爹义肩负全家老小生计的重负,无奈之下,爹经通过封锁线去苏北贩盐,历经艰辛危险。记得他有一次晚上回来,躲过日军的探射机枪弹,一脸灰暗,惊魂未定。爱国难的一段时期,家里买到的尽有限的"六谷粉",至于是哪几种谷物,说不详了,反正吃起来很难下咽。好在外婆的菜地里一年

四季有蔬菜,特别是夏天的番茄红柿、黄瓜、莴笋、南瓜,还有丝瓜、豇豆、卷心菜、苋菜(烧出来便有红汁,后来知道这是苋红?),冬天的红萝卜。红萝卜很多,吃不完便晒成萝卜干,
腌些疏了?

的产业之一,严家在苏、沪两地有许多纱厂、纺织厂、机器厂。王宅东半面的"老爹"(也是指外公),娶的就是严家的女子,因此,舅舅通过这层关系才进的大隆机器厂。日伪时期,机器厂一度停工,舅舅肩负全家老小生计的重负,无奈之下,曾经通过封锁线去跑单帮,历经艰险。记得他有一次晚上回来,躲过日军的扫射枪弹,一脸灰暗,惊魂未定。最困难的一段时期,实行口粮分配,能买到的是有限的"六谷粉",至于是哪六种谷物,就不详了,反正吃起来较难下咽。好在外婆的菜地里一年四季有蔬菜,特别是夏天的西红柿、黄瓜、莴笋、南瓜,还有丝瓜、豇豆、卷心菜和"米苋"(烧出来便有红汁,后来知道就是苋红),冬天的红萝卜。红萝卜很多,吃不完便用盐腌了晒成萝卜干,我觉得饿了,

我觉得饿了,就随家抓来吃。吃多了就难以消化,最让我试厌食至今。黄瓜多了,我做腌瓜。先煮两块,再放入大缸,坐户外日照晒上胸晒,使其发酵,熟成而酱,由于饿肠辘辘,在煮两块时,就忍不住酱香的引诱,在锅中捞食解馋。

夏天可以在菜地里望吃到"露薯",长得非常像高粱。顶上也有穗,但不能食,而显而其干。每节此甘蔗细而长,撕开皮就可以咬一段,把甜的水咽咽下去。然后将渣吐掉。撕皮得先用牙齿咬开。再用手撕。皮边锋利如刀,幸用不小心,手指头划破一口而流血不止。老人们就随意抓来吃，吃多了就难以消化，最后就厌食至今。黄瓜多了，外婆就做酱瓜。先煮面块，再放入大缸，在户外日夜盖上闷晒，使其发酵，变成面酱。由于饥肠辘辘，在煮面块时，我就忍不住面香的引诱，在锅中捞食解馋。

夏天可以在菜地里吃到"露索"，长得非常像高粱，顶上也有穗，但不能食，而是取其秆，每节比甘蔗细而长，撕开皮就可以咬一段，把甘甜的水咂吮下去，然后将渣吐掉。撕皮得先用牙齿咬开，再用手撕，碧青的皮薄，锐利如刀，常因不小心，手指头划出一口而流血不止。老人们的经验是把皮上带的一层青霜刮下来，涂伤口，很快止血不受感染，我常常用此法，颇灵验。

位于上海光复西路的大隆机器厂,建于一九〇二年

(四)儿时的天堂

的经验是把皮上的青霜刮下来，涂伤口，很快止血不受感染。我常×用此法，颇灵验。

那时候生活很艰苦，但乡村菜地是儿时的天堂，可以玩耍和吃的事物很多。春天豌豆花开蝴蝶纷纷飞来，园子里一股草香、花香。豌豆结荚成熟，便採撷回家，帮外婆剥好，马上就可以成为饭桌上的一道菜，嫩、甜、香，连皮都可以吞下去。

河里有小鱼、有虾、有蝌蚪。我容易也最喜欢捞的是蝌蚪（上海土话叫"笔摩泥"），捞上十数斤，养在盆里，天×看牠们游动，慢慢长大，蜕尾，变成小青蛙，然后放回到地里。

[四] 儿时的天堂

抓蝌蚪

那时候生活虽艰苦，但整个菜地是儿时的天堂，可以玩耍取乐的事物很多。春天蚕豆花开，蝴蝶纷纷飞来，园子里一股草香、花香。蚕豆结荚成熟，便采撷回家，帮外婆剥好，马上就可以成为饭桌上的一道菜，嫩、甜、香，连皮都可以吞下去。

河里有小鱼，有虾，有蝌蚪。最容易也最喜欢捞的是蝌蚪（上海土话叫"拿摩温"）。捞上十数个，养在盆里，天天看它们游动，渐渐长大变成小青蛙，然后放回到地里。

炎热夏天是小孩最兴奋的季节。知了（上海叫作乌翅）在树上不知疲倦的叫，一种大个子叫的有音节，而那种小的却是一味吱吱的长叫。逮知了也是奉献，往往很不易上。所以只能爬树，树干如太垂直无权，别想书诗用竹竿绑上半只破袜筒去捕捉。或用一种粘数蝇的纸扎在竿头上专粘。结果异浮汗流浃背而乐在其中。最有兴趣的是捉蟋蟀（上海土话叫"才唧"）。无论在草丛、墙脚、石板下、土块里，只要听到蟋蟀如琴弦的鸣叫，马上竖起耳朵，双眼跟着声音蹑步寻去。追音迹而必欲得之，因此爬高、俯趴、创土、扒开瓦砾碎石，搬砖，不管小虫咬、蚊子叮。

知了

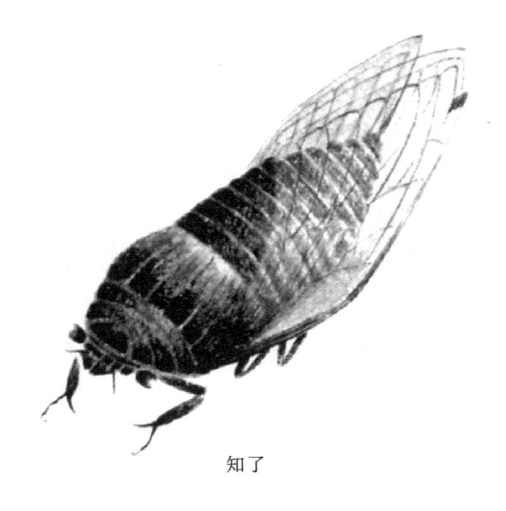

炎热夏天是小孩最兴奋的季节。知了（上海叫"鸦乌翅"）在树上不知疲倦地叫，一种大个子的叫得有音节，而那种小的却是一味吱吱地长叫。逮知了也是本领，往往够不上，所以只能爬树。树干如太直无杈，则想办法用竹竿绑上半只破袜筒去捕捉，或用一种黏蚊蝇的纸扎在竹竿头上去黏。结果弄得汗流浃背而乐在其中。最有兴趣的是捉蟋蟀（上海土话叫"才唧"）。无论在草丛、墙脚、石板下、土块里，只要听到蟋蟀如琴弦的鸣叫，都马上竖起耳朵，跟着声音蹑步寻去。追音迹而必欲得之，因此，爬、跪、俯卧、刨土、扒开瓦砾碎石、搬砖，不管小虫咬，蛟子叮，一旦发现，即用手作小碗

一旦发现，即用手作小碗状扣下，如未得手，园蟋蟀即跳出，则会扑上去再捉，或捉住，或眼看其逃逸至无法再捉之隙缝处。捉到后，马上装在一个竹筒中，用纸团或棉絮堵塞。欣喜而归呼之以跳。蟋蟀个子有大有小，叫声亦有粗细，但战斗力不因大小粗细而定。凡是浑身油亮，用蟋蟀草撩引时，牙口大张，双腿挺动，叫声不绝者，一般都是好斗者。一般都是将二只蟋蟀（斗士）放在一个青黑色的圆形瓦罐里，那是个圆形的战场，有点像古罗马的斗兽场的缩微。很少有势钧力敌打成平手的时候。最终总有一位

(四) 儿时的天堂

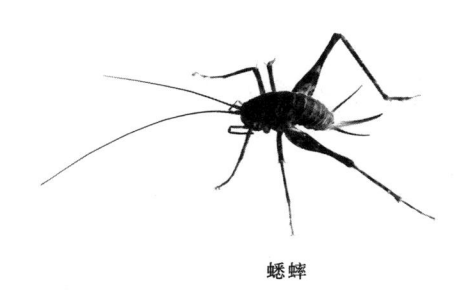

蟋蟀

状扣下。如未得手，蟋蟀即跳出，则会扑上去再捉，或捉住，或眼看其逃逸至无法再捉之隙缝处。捉到后，马上装在一小竹筒中，用纸团或棉絮堵塞，欣喜而怦怦心跳。蟋蟀个子有大有小，叫声亦有粗有细，但战斗力不因大小粗细而定，凡是浑身油亮，用蟋蟀草拨引时，牙口大张、双腿挺动、叫声不绝者，一般都是好斗者。一般都是将两只蟋蟀（斗士）放在一个青黑色的圆形瓦罐里，那个圆形的战场，有点像微缩的古罗马的斗兽场。很少有势均力敌打成平手的时候，最终总有一位败者，败者，丢盔卸甲，落荒而逃，胜者则挺立昂首站在斗场中央，振翅而张开大牙鸣叫，一派胜利者的威风凛凛。

捉蟋蟀的兴趣超过了所有的游戏玩耍，且如此专心，中午出去，回来不管有无收获，总是一身臭汗，衣裤都弄得破烂肮脏。换洗后傍晚复出，又至浑身汗髒和。从小到大，自我有记忆以来，从未遭父母动手打罚。唯有一次（母亲抗战回沪后的次年），我近有十岁，一天出去捉了两三次蟋蟀，最后傍晚归来时，母亲见我一身刚捉的乾净衣裤又弄髒污时，实在忍无可忍，气上来，忍无可忍，将我痛打一顿，我苦到丢盔卸甲，落荒而逃。胜者则昂首挺立在角斗场中央，振翅而张开大口鸣叫，一派胜利者的凛凛威风。

捉蟋蟀的兴趣超过了所有的游戏玩耍，且如此专心，中午出去，回来不管有无收获，必是一身臭汗，衣裤都弄得稀脏，换洗后傍晚复出，又是浑身脏和汗。从小到大，自有记忆以来，我从未遭父母亲手打罚。唯有一次（抗战时期母亲回沪后的次年），我近十岁，一天出去捉了两三次蟋蟀，最后傍晚归来时，母亲见我刚换的一身干净衣裤又弄脏污时，实在忍无可忍，气一上来，怒不可遏，将我痛打一顿，直到我表示悔过。不料母亲随之未悔过。不料母亲随之失声（痛）哭泣起来，呜咽不止，使我心中难过之极，扑到她怀中，一起放声大哭了一阵。这一情景，甚至傍晚时的后园景色，晚炊的烟味，都历历在目。從那以後，我再未捉过蟋蟀（玩）。而且一见到其他人的蟋蟀，我会想起这一幕，想起母亲，终生难忘：

"打在儿身，疼在娘心"。

为了减轻爸爸的负担，还是顾惜父母远去的我，有时就被大姨妈接去住一陣。大姨妈家住在曹家渡，房子就靠在苏州河边，每天都可以临窗看到各种大小船只来来往往，看到船民一家人的活动，烧饭的青烟与菜味、晾晒的衣裳，很是热闹。

[四] 儿时的天堂

失声哭泣起来，呜咽不止，使我心中难过之极，扑到她怀中，一起放声大哭了一阵。这一情景，甚至傍晚时的后园景色、晚炊的烟火，都历历在目。从那以后，我再未捉玩过蟋蟀。而且一见到其他人的蟋蟀，就会想起这一幕，想起母亲，终生难忘："打在儿身，疼在娘心。"

大姨妈为了减轻舅舅的负担，同时顾怜父母远去的我，有时就接我去住一阵。大姨妈家住在曹家渡，房子就靠在苏州河边，每天都可以临窗看到各种大小船只来来往往，看到船民一家人的活动。烧饭的青烟与气味、晾晒的衣裳，很是热闹。

大姨父叫徐宗德，是二厂的会计。带了一付深度近视的眼镜，看报或写字，都凑得离眼很近。老实寡言，唯一的嗜好就是喝酒，每顿饭都要喝几盅黄酒或土烧酒。喝完了就要在小木盆中洗脚，坐床上在油灯下闭眼享受这份舒适。如酒已过量，往往踢翻脚盆，任凭大姨妈一边唠叨几句。

表哥徐乃安（据我父母的开明，男孩也有乃字）比我大数月，在一起自然玩得起来。主要玩两样东西，一是玻璃弹子，红的绿色别透晶莹，用姆指和食指之力使劲弹出，在地上你追我赶，打到对方就算赢得归已。要主眼准度，百发不砕。另一种

玻璃弹子

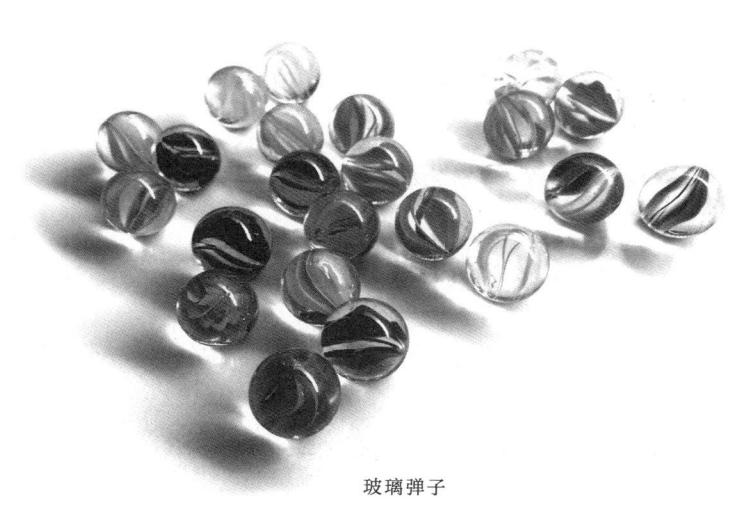

大姨父叫徐宗德,是工厂的会计,戴了一副深度近视的眼镜,看报或写字,都凑得离眼很近。老实寡言,唯一的嗜好就是喝酒,每顿饭都要喝几盅黄酒或土烧酒。晚上喝完了就要在小木盆中洗脚,在昏暗的油灯下闭眼享受这份舒适。如酒已过量,往往会踢翻脚盆,任凭大姨妈在一边唠叨几句。

表哥徐乃安(是我父母的干儿,所以也有"乃"字)比我大数月,在一起自然玩得起来。主要玩两样东西:一是玻璃弹子。红红绿绿、剔透晶莹,用拇指和食指之力使劲弹出,在地上你追我赶,打到对方就算赢得归己。要在瞄准后,百发百中。另一种就是香烟牌子。那时候每我是刮香烟牌子。那时候每包卷烟中都有一张纸牌，我仕女、武三国水浒人物。大烧父也抽烟所以留攒不少牌子。我们趴在地上轮翻地用自己手上的纸牌刮对方的纸牌，借风力将掀起地上的牌且能翻过身来，则赢得。为了使纸牌不易掀翻，我们就用菜油或豆油（点灯用的）浸透，增加毛重。这都是忙里偷着做的事。

最有意思的还是新年（春节），鸡蛋年夜饭、守岁、糖果、花生装饱肚子。还能放爆竹，纪没有了敌人。过春都居和船民放，烟雾四起，震耳欲聋中欢喜雀跃。船民中有贩卖麦芽糖的（上海称为养糖），我们零钱够买上一分，甜而粘牙。有时也可以用什物换。每次

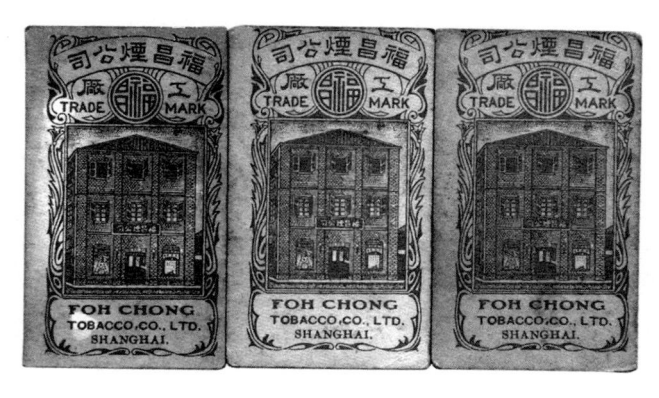

香烟牌子

包卷烟中都有一张纸牌，或仕女，或三国、水浒人物。大姨父也抽烟，所以能攒不少牌子。我们就在地上轮番地用手上的纸牌刮对方的纸牌，借风力能掀起地上的牌且能使之翻过身来，则赢得。为了使纸牌不易掀翻，我们就用菜油或豆油（点灯用的）浸透，增加重量。这都是偷着做的事。最有意思的是过新年（春节），吃年夜饭，守岁，糖果、花生灌饱肚子，还能放爆竹。自己没有可放的，就看邻居和船民放，烟雾四起，在震耳欲聋中欣喜雀跃。船民中有贩麦芽糖的（上海称为"饧糖"），几个零钱能买上一勺，甜而粘牙。有时也可以用什物换。

去找和表哥分石食之。大年初一除了拜年外，就是有跳神的佐队沿街挨户过来，头带面具，身穿蟒袍，敲锣打鼓，边跳边舞，大人小孩蜂拥随之。到哪户，就停一下，主人就择送上馈物，讨个吉祥年利。

每次当然和表哥分而食之。大年初一除了拜年外,就是有跳神的结队沿街挨户过来。头戴面具,身穿蟒袍,敲锣打鼓,边跳边舞,大人小孩蜂拥随之。到哪户,就停一下,主人就得送上钱物,讨个吉祥年利。

还接我去过一趟，就是我的叔二家。他是父亲的胞弟，父母亲都呼他"云官"。长得像父亲，但脸更瘦长，自幼青黄。是一度的浪荡公子，还抽过大烟，戒之后，香烟不断。牙齿熏得很黑，戴了一副黑边的眼镜。叔二（叫爷叔）一般都著长袍，也无正式职业，不知向谁学画中国山水，都是临摹名家的笔墨，也没成一家。只是画了送人，难得饷卖。后来在邮局当职员，收入勉强维持一家开销。

叔二家住在南市的一个弄堂里，是老式的石库门房，住在楼上，房子很拥挤，东西杂乱。我住在那里的时候，从未见他作过画，所以毫无印象，另外还接我去的一处，就是我的叔叔（上海话叫"爷叔"）家。他是父亲的胞弟，父母亲都呼他"云官"，长得像父亲，但脸更瘦长，色更青黄。年轻时一度是浪荡公子，还抽过大烟，戒之后，香烟不断，牙齿熏得很黑。叔叔一般都着长袍，戴了一副黑边的眼镜。很长时间也无正式职业，不知向谁学画中国山水，都是临仿名家的笔墨，也没自成一家。只是画了送人，难得能卖。后来在邮局当个职员，收入勉强维持一家开销。

叔叔家住在南市的一个弄堂里，是老式的石库门房，住在楼上，房子很拥挤，东西杂乱。我住在那里的时候，从未见他作过画，所以对此毫无印象。只见他清早起来，兄他清早起来，听到潺潺的声音，然后提着鸟笼出去蹓了。养小了的是黄莺，小小的身躯，叫得异好听。他也爱养蟋蟀，放在纸讲究的专门养蟋蟀的陶瓷罐里。有的好蟋蟀护养得好，还可以过冬，视为珍品。还有一种蟋蟀叫"金铃子"的，长得极似，但体是扁小。放在圆形的竹盒内，上有玻璃盖，出入喂食都在盒底一个小圆洞。用塞之住。这种"金铃子"不是为了斗着玩的，而是为了听的。因为牠鸣叫的声音好似琴弦，悠远而清晰，持续很长。叔爷有一兑一女。兜子比我最大，叫"狗心"，也是调皮捣蛋的伙伴。我和他一起还上了

金铃子

听到他漱口的声音,然后提着鸟笼出去遛了。养的可能是黄莺,小小的身躯,叫得好听。他也爱养蟋蟀,放在很讲究的专门养蟋蟀的陶瓷罐里。有的好蟋蟀如护养得法,还可以过冬,被视为珍品。还养一种叫"金铃子"的,和蟋蟀长得极似,但数量极少。放在扁圆形的竹盒内,上有玻璃盖,出入、喂食都在盒底一个小圆洞,用塞塞住。这种"金铃子"不是为了斗着玩的,而是为了听的,因为它鸣叫的声音酷似琴弦,悠远而清晰,持续很久。叔叔家有一儿一女。儿子比我略大,叫"狗狗",也是调皮捣蛋的伙伴。我和他还一起上了附近的一个小学。

〔五〕开蒙之时

附近的一个小学，记得是念慈小学，那是我上的第二个学校。

最初进的☒是钱家巷小学，离我家只有百米多。那也是王家的地盘，在学校附近还有一个不大的园子。既不种菜，也无其它作物，根据老人们称这个园子为"泥坯畑锋头"（是否形容其小？这是极土的上海本地话）。学校很小，招生不多，班级混杂，不多男生，所以我旁边坐的是一位女生，圆圆的脸，穿着讲究，功课不比我好，常常还要偷偷问我，我帮了她，有时便送我一粒硬糖、或送支铅笔。现在不记得她的名字。但后来知道，她是每天从园路上的"锦园"出来的。那是荣毅仁的大洋宅，

[五] 开蒙之时

　　记得是念慈小学,那是我上的第二个学校。最初进的是钱家巷小学,离王家老宅只有百米多,那也是王家的地产。在学校附近还有一个不大的园子,既不种菜,也无其他作物,老人们称这个园子为"泥姆钵头"(是否形容其小?这是极土的上海本地话)。学校很小,招生不多,班级混杂,不分男女生。所以我旁边坐的是一位女生,圆圆的脸,穿着讲究,功课不比我好,常常还要偷偷问我。我帮了她,有时便送我一粒硬糖,或送支铅笔。虽然不记得她的名字,但后来知道,她是每天从坐落在愚园路上的"锦园"出来的,那是荣毅仁的大洋宅,肯定是菜肴和后代。至于其他的同学都一概记不得。

在叔之家，並不是天天三顿饱饭，就是我小个子也不大。但饭是极可靠。有一次吃阳春面（上海最普遍也最便宜的面，只在面汤里加些酱油，少许醋油，有葱花就更香），我竟然吃了一大盆，足有七八两。真不可思议。

不论在影、大姨妈、叔之家，我曾做过一些零星小活儿，赚几个零用。曾经拆过铁丝，将扭结一起的铁丝分开敲直。曾经粘过火柴盒，那时已有美丽牌大柴盒。要干的活儿就是把空盒套用上紫色的底纸糊好，然后将商标很粘在上面。浆糊调得极稀薄，刚打的肯定是荣府的后代。至于其他的同学,都一概记不得。

在叔叔家,并不是天天三顿饱饭,虽然我年纪小,个子也不大,但饭量极可观。有一次吃阳春面(上海最普通也最便宜的面,只在面汤里加些酱油、少许猪油,有葱花就更香),我竟然吃了一大盆,足有七八两,真不可思议。

不论在舅舅、大姨妈、叔叔家,我都曾做过一些零星小活儿,赚几个零用。曾经拆过铁丝,将扭结一起的铁丝分开、敲直。曾经粘过火柴盒,那时只有美丽牌火柴盒。要干的活儿就是把空盒套先用蓝紫色的底纸糊好,然后将商标纸粘在上面。糨糊调得极稀薄,刚打的糨糊,糨糊，还冒着热气，有一点面香，但到了第二天往往已经变味。满鼻子闻到都是酸馊的味道，时间长了，令人难受，甚而恶心。一天上下都坐在小板凳上，最多时钞粘上千个。

还有时给小糖菓服包糖。在一间十来米的屋子，有一长条桌，坐满了妇人和像我这般年纪的男女小孩，每个人坐左手前，新放一大堆糖，还有一摞糖纸。桌子边上，都有一个不大的洞。每包一糖，便从洞中丢下，有一框作盛器，可装数石粒糖。糖是长圆形的，用色素，红红的，但是半透明。包糖时允许边包边吃，所以尽量的吃糖。最后屙出来的都是带红的尿水，才知道吃

阳春面　　　　　　　　火柴

还冒着热气，有一点面香。但到了第二天，往往已经变味，满鼻子闻的都是酸酸的味道。时间长了，令人难受，甚至恶心。一天上、下午都坐在小板凳上，最多时能粘上千个。

　　有时还给小糖果厂包糖。在一间十来平方米的屋子，有一长条桌，坐满了妇人和像我这般年纪的男女小孩。每个人坐在桌前，桌上都放一大堆糖，还有一摞糖纸。靠桌子边上，都有一个不大的洞。每包一糖，便从洞中丢下，下有一筐做盛器，可装数百粒糖。糖是长圆形的，用了色素，红红的，但是半透明。包糖时允许边包边吃，所以开始尽量地吃糖。最后尿出来的都是带红的尿水，糖过多的结果。过了几天，对这劣质糖也腻了。

干所有的这种小滩儿，一方面可以有点零化钱，主要是人多热闹，七咀八舌。那么时候，只要人多，自有人好说，爱讲俏皮话。现今的兒童，主要在城市长大，就不能专干这种小滩儿。火柴已成包装粗随的稀物，劳启糖的也已绝迹。

才知道是吃糖过多的结果。过了几天，对这劣质糖也腻了。干所有的这种小活儿，可以有点零花钱，主要是人多热闹，七嘴八舌。不管什么时候，只要人多，自有人好说，爱讲俏皮话。现今的儿童，只要在城市长大，就不能去干这种小活儿，火柴已成稀罕物，包装粗陋的劣质糖也已绝迹。

荣毅仁的上海宅子

〔六〕外婆家

钱家巷的王家在附近名声很大、周围的人家一样王家谁都知道。因为脚底下踩的地，房子的地，都是王家的。

王家老宅一大片。四周不用砖和水泥砌墙围起来，依计器平那会儿水泥没有，而是用一根根长二米宽而且厚实的竹条编插在地裹、成为篱笆墙（上海说"棕榈笆"），因为很密，越是森森，很难望外能见，而且涂上黑漆。在这道黑色篱笆墙里、一代代的人生老病死，随着时世而演变出各色各样的人与事。

王家老宅的大门就在南边篱笆墙的中间开设。是木头做的、也是漆成黑的，没有洋锁，只在门后有铁栓。白天门是开着的，任人们进出。晚上即上栓

黑色篱笆

钱家巷的王家在附近名声很大，周围的人家一提王家谁都知道。因为脚底下踩的地、屋顶下房子的地，都是王家的。王家老宅一大片，四周不用砖和水泥砌墙围起来，估计最早那会儿水泥尚未有，而是用一根根长、宽而且厚实的竹条编插在地里，成为篱笆墙（上海话叫"枪篱笆"）。因为很密，很难里外透见，而且涂上黑漆，煞是森严。在这道黑色篱笆墙里，一代代的人生老病死，随着时世而演变出各色各样的人与事。

王家老宅的大门就在南边篱笆墙的中间开设。是木头做的，也是漆成黑的。没有洋锁，只在门后有铁闩。白天门是开着的，任人们进出。晚上即上闩关闭。大门一

关闭。大门一进来，就是一片空场。泥土上铺一道走路的石板。场地是各家儿女回相（玩耍）的地方。两侧盖了几间瓦房，或供堆放杂物，或供人住。属于东房
东侧是老爹（己去世）的产业，顾了一个长工，不知姓氏、大家不管男女长幼，都管他叫阿毛。有四五十岁，成天为东房一家干活儿。还养猪，往车在东侧场地上晒豆渣饼，作为猪食。晚上就是阿毛关大门。如有人四夜里归来，门已拴，马要拍门叫阿毛，他便起来开门，不论田春夏秋冬。

第一进的厅堂基本上属于公用的，随便进出之。东西两边也堆着桌椅板凳各种什物。然后

[六] 外婆家

进来，就是一片空场，泥土上铺一道走路的石板。场地是各家儿女白相（玩耍）的地方。两侧盖了几间瓦房，或供堆放杂物，或供人住。东侧是属于东屋老爹（王士霖）的产业，雇了一个长工，不知姓氏。不管男女长幼，都管他叫阿毛。有四五十岁，成天为东屋一家干活儿，还养猪，经常在东侧场地上晒豆渣饼，作为猪食。晚上就是阿毛来关大门。如有人夜里归来，门已上闩，只要拍门叫阿毛，他便起来开门，不论春夏秋冬。

第一进的厅堂基本上是属于公用的，随便进进出出，东西两边也堆着桌椅板凳等各种什物。然后由此再进入

由此再进入第二个院,这个内院比较讲究,估计有七八十年岁以上,铺的都是方石板。院门并没有常闭,门楣上刻有源远流长四个字,两边延伸都是人物石雕和图案(花枝,树叶,回文)石雕彩绘。在这个院里,一年或有一两次家族的大举动。譬如给王氏祖宗王明阳做周年,那是最热闹的。主要请和尚道士们来做道场,在院子里第二个客堂,都是穿红、黄袈裟的僧尼人。浓重的香烧得烟雾缭绕,念经和尚众僧的声音汇合成一种单调而沉闷的声浪。最长的道场要进行三至七天。宅内外的王氏老小都要前来。少不得要吃上几顿酒席。鸡鸭鱼肉齐全,还有黄酒。客堂到院外,摆满了八仙方桌。

[六] 外婆家

第二个场院，这个内院比较讲究，估计有八十平方米以上，铺的都是方石板。院门虽设而常开，门楣上刻有"源远流长"四个字，两边延伸都是人物和图案（花枝、树叶、图文）的砖雕。在这个院里，一年或有一两次家族的大举动，譬如给王氏祖宗王明阳作周年，那是最热闹的。主要请和尚、道士们来做道场，从院子到第二个客堂，都是穿红、黄袈裟的僧人。浓重的香烧得烟雾缭绕，众僧念经的声音混合成一种单调而沉闷的声浪。最长的道场要进行三至七天。宅内外的王氏老小都要前来，少不得要吃上几顿酒席，鸡鸭鱼肉齐全，还有黄酒。客堂到院子外，摆满了八仙方桌。在小孩们看来，这都是看

在小孩们看来，这都是看热闹好玩的日子。举世奔忙，互相追逐嬉笑，还有好吃。如同过年过节。

还有一次是非常特殊，印象很深的事情。就是小舅的"阴婚"。小舅夭逝时，年纪很轻，是个才俊，但未婚娶。所以外祖母一直耿耿于怀。即使人已不在，也要补成婚姻。经过多年的准备，在亲朋中挑选了一位也已去世的姑娘，对好生辰八字，择日完此阴婚。那一天亲戚来宾聚集一堂，也请了僧人来念一通经，做了法完成了阴婚的仪式。

事后就是浩大壮观的婚礼队伍，从屋内转到屋外，最后到大场院。把所有准备好的或送来的"嫁妆""贺礼"都集中起来——都是用纸糊成，画上有色的热闹、好玩的日子。奔进奔出，互相追逐嬉笑，还有好吃的，如同过年过节。

还有一次是非常特殊、印象很深的事情，就是小舅的"阴婚"。小舅夭逝时，年纪很轻，是个才俊，但未婚娶，所以外祖母一直耿耿于怀，即使人已不在，也要补成婚姻。经过多年的准备，在亲朋中挑选了一位也已去世的姑娘，对好生辰八字，择日完此阴婚。那一天，亲戚来宾聚集一堂，也请了僧人来念一通经，做了法事，完成了阴婚的仪式。然后就是浩浩荡荡的婚礼队伍，从屋内转到屋外，最后到大场院。把所有准备好的或送来的"嫁妆""贺礼"都集中起来——都是用竹竿或竹片

竹竿或竹片紥成的物件，移房屋、束马、傢俱、老式的新式的一应齐全。都用各种颜色的纸糊起来，五颜六色，鲜艳缤纷。只有被褥、衣服是真材实料。把这些东西堆集一起，君后付之一炬。这些东西都得都邮"寄走衣"位外婆了却一个久藏的心愿所有了。刹时间，大焰腾起，来了化为烟灰。随后就是上摆八桌的婚宴。男女老少，论资排席，分桌次，小孩们有时单独一桌、或夹在大人的空隙间。

东屋和西屋是有所不同的。东屋老爹是正房生的，自然西屋的就地位优越，分的家产地产居多。而外公是偏房所生，不免低下一等。无论从物质上或精神上，那股气势就大不一样。即使在我幼小的心灵中，明显感觉到这一等级的扎成的物件，房屋、车、马、船、家具，老式的新式的一应齐全，都用各种颜色的纸糊起来，五颜六色，鲜丽缤纷。只有被褥、衣服是真材实料。把这些东西堆集一起，最后付之一炬。于是，这些东西都归"新郎、新娘"所有了。刹时间，火焰腾起，末了化为烟灰，但外婆了却一个久积的心愿。然后就是七荤八素的婚宴。男女老少，论资排"席"、分桌次，小孩们有时单独一桌，有时夹在大人的空隙间。

东屋和西屋是有所不同的。东屋老爹是正房生的，自然地位优越，分的家产、地产居多。而西屋的亲外公是偏房所生，不免低下一等。无论从物质上还是精神上，那股气势就大不一样。即使在我幼小的心灵中，也明显感觉到这一等级的差异。

差异。

束鹿老爹有三个儿子。长兄名王福山，老二王仲山，小的叫王秀山。和我最有关系的是王福山，我称呼大姨爹，因为他比我母亲祝氏年长。他是进了洋学堂念书的。所以在上世纪廿年代到德国留学，学的是物理。在德国一呆就是十年。如果没有二次大战，可能就定居在外了。就因为希特勒上台，法西斯专政，和日本、意大利联手成轴心国，他在德国无法安心学问，毅然回国。在德国留学期间，得了肺结核，住院开刀动手术，取掉几根肋骨，切掉左半个肺。每当夏天，他穿件汗衫，还能看到扭歪
<u>前胸闷西侧像十字形的</u>
而瘦也专的胸背。在长时间的疗养期间，她犹

[六] 外婆家

东屋老爹有三个儿子。长子名王福山，老二王仲山，小的是王秀山。和我最有关的是王福山，我称呼他"大娘舅"，因为他比我母亲和亲舅舅年长。他是进了洋学堂念书的，在二十世纪二十年代到德国留学，学的是物理。在德国一待就是十年，如果没有"二战"，可能就定居在外了。就因为希特勒上台，法西斯专政，德国和日本、意大利联手成轴心国，他在德国无法安心学习，毅然回国。在德国学习期间，得了肺结核，住院开刀动手术，取掉几根肋骨，切掉左半个肺。每当夏天，他穿件有破洞但洗得十分干净的汗衫，总能看到他歪斜而瘪进去的胸背。在长时间的疗养期间，他就学拉小提琴，

学拉小提琴，因回时带回一把小提琴，有空就拉起来，悠扬而陌生的给声回荡在这陈旧的老宅，觉得有些怪异。那时我已入小学，在院子里进出也常能见到他，因为我上面兄弟姐妹一起排第三，他大概头发锈薄，他就叫我"三毛"。由此，大人们也就跟着叫我"三毛"。

不料再也凑巧，张乐平（也是海盐人）的《三毛流浪记》、《三毛从军记》在大公报上每日连载，我的小名就变成了局。大姐姐有时还加一个字、辣三毛。大概看我十分调皮而别去的。抗日期间，他赋闲在家，看书，拉琴，散步。高兴时，叫一帮小孩念德文，从字母开始，我贪玩，无心学，只记得啊、噢、莱、代四个字母，其它

［六］外婆家

回国时带回一把小提琴，有空就拉起来。悠扬而陌生的弦声回荡在这陈旧、暗沉的老宅，让人觉得有些怪异。那时我已入小学，在院子里进进出出常能见到他。因为我是母亲最小的一个孩子且排行第三，大概加上头发稀薄，他就叫我"三毛"。由此，大人们也就跟着叫我"三毛"。不料再过几年，张乐平（也是海盐人）的《三毛流浪记》《三毛从军记》在《大公报》上每日连载，我的小名就更定了局。大娘舅有时还加一个字：辣三毛。大概看我十分调皮而引出的。抗日期间，他赋闲在家，看书、拉琴、散步。高兴时，教一帮小孩念德文，从字母开始。我贪玩，无心学，只记得"啊""呗""莱""代"

全忘得精光。他拿着德国带回理发的工具，看到我头发长了，就喊我过去，搬一个高凳，用一块白绸布围在胸前，很快就给我剃了光头（上海话：光郎头）。成了我长期的"理发师"。直到我们离钱家老，才到理发铺剃头。

抗战胜利后，大拢罗就到上海复旦大学任教，是物理系的主任。有一次我翻《辞海》，看到编委有王福山的名字，是负责物理部份的撰稿。虽然以后我已离上海北上，但只要回到上海，都要去看望这位"大拢罗"。

王仲山是国民党军界人物，抗战时也去了重庆。胜利后回沪做闲了半年，解放前夕，随国民党政府去了台湾。

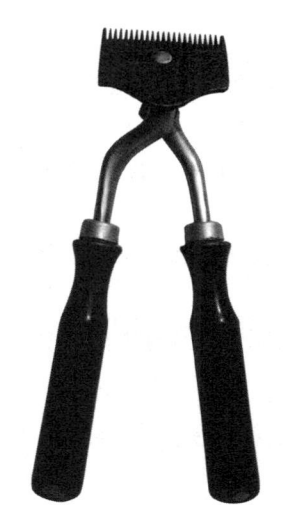

理发工具

四个字母,其他全忘得精光。他从德国带回理发的工具,看到我头发长了,就喊我过去。搬一个高凳,用一块白绸布围在我胸前,很快就给我剃了光头(上海话:"光郎头"),成了我长期的"理发师"。直到我们搬离钱家巷,我才到理发铺剃头。

抗战胜利后,大娘舅就到上海复旦大学任教,是物理系的主任。有一次我翻《辞海》,看到编委有王福山的名字,是负责物理部分的专家。虽然解放以后我已离上海北上,但只要回到上海,都要去看望这位"大娘舅"。

王仲山是国民党军界人物,抗战时也去了重庆,胜他的长子王纯康，比我大三岁，喜欢画画，大部分是用水彩画的花儿、水果、动物。我看了羡慕不已。对画人的兴趣和最初的记忆（画人作画）由此而始。后来他随其父一家（还有两个妹、小弟和我（大弟）同班）到了台湾，一直没有音信。文革后，渐次开放，才听说得了什么病早亡故去。

另小弟王秀山一直去美国治学，始终业美，虽先前也一次上海，终是听说而未见。

利后回沪做开了生意,解放前夕,随国民党政府去了台湾。他的长子王纯康,比我大三岁,喜欢画画,大部分是用水彩画的花儿、水果、动物。我看了羡慕不已,对画画的兴趣和看人作画的记忆由此而始。后来王纯康也随其父一家(还有两个妹,小的和我小学同班)到了台湾,一直没有音信。"文革"后,渐渐开放,才听说他得了什么病早早故去。

最小的王秀山一直在美国留学,始终在美,虽然回过一次上海,只是听说而未见。

我从小住在外婆家，自然跟她很亲。母亲带哥哥离沪去重庆寻父亲之前，就把我过继给舅之。所以我一直叫舅父母为"寄爹、寄妈"。

舅之和舅妈虽至有人作媒，但完全新式结婚。她们的卧室里的床头上，始终挂着很大的婚纱照。年青时，舅之和舅妈都很英俊秀丽。外婆一直叫舅妈为新娘子。舅妈生了六个孩子，三男三女。所以外婆背着大到小的六个儿女，基本上不做日常烧饭、做菜洗衣等家务。舅妈整日很少言语，说话动作都很缓慢。舅妈对我不错，下午放学回来，常有些小吃给我。她常说："小节（不叫我三毛）调皮得

[六] 外婆家

　　我从小住在外婆家，自然跟她很亲。母亲带哥哥离沪去重庆寻父亲之前，就把我过继给舅舅，所以我一直叫舅父母为"寄爹""寄妈"。

　　舅舅和舅妈虽是有人作媒，但完全新式结婚。他们的卧室里的床头上，始终挂着很大的婚纱照。年轻时，舅舅和舅妈都很英俊、靓丽。外婆一直叫舅妈为"新娘子"。舅妈前后生了六个孩子，三男三女。所以只是看管从大到小的六个儿女，基本上不做日常烧饭、做菜、洗刷等家务。舅妈整日很少言语，说话、动作都很缓慢。舅妈对我不错，下午放学回来，常有些小吃给我。她常说："小弟（不叫我三毛）调皮归调皮，但放学回来，

调皮，但放学回来，先把功课做完，才到外头去白相"。她还说："小弟远处粗看勿好看，但是近处细看长得蛮好看"。

婆媳之间常之意见不合，一争起，姆妈就整天想天坐不出房门，外婆也沉默不语，一个劲的织鱼网。织个鱼网要不少时间，除了日间汏脚儿和做饭烧菜外，她一有空就用细黑的丝线织鱼网，织成一批后，交给收购的商贩，也能赚些铜板。只是婆媳之间一有争起，我们一群小孩都要安静乖些，尽量避免再惹她们生气或添乱。这时候最为难的责任之要：一我们爹爹。要两边周旋，讨好，居后往往是

［六］外婆家

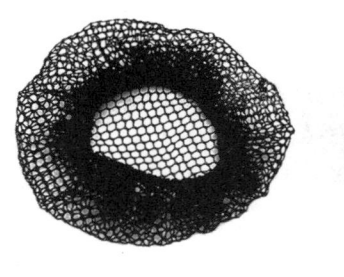

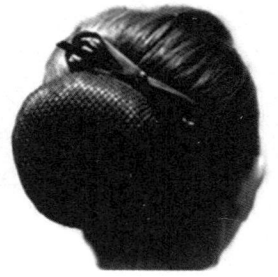

发网

先把功课做完,才到外头去白相。"她还说:"小弟远处粗看勿好看,但是近处细看长得耐看。"

婆媳之间常常意见不合,一别扭,舅妈就整天整天地不出房门。外婆也沉然不语,一个劲地织发网。织个发网要不少时间,除了田间的活儿和做饭烧菜外,她一有空就用细黑的丝线织发网,积成一批后,交给收购的商贩,也能赚些铜板。只是婆媳之间一有别扭,我们一群小孩都要安静、乖些,尽量避免再惹她们生气或添乱。这时候最为难的当然是舅舅——我的寄爹。要两边周旋外婆的悟性和宽容，averted 了新娘，一切又恢复正常。

小姨玉珍理一直上学，家里是商业会计。毕业后就
到上海电信局当会计（财务稽核）。小姨也是个特别好强、性格
十分固执的人。常因和兄姐的争执而铸成长年的矛盾。
有时因为自己生闷气而一人躲在很窄黝黑的阁楼中
（尽放陈年不动的杂件旧物），坚不下楼，长达数日。 也刺激大。

后来出嫁成了家，丈夫是个四川人，家庭也较富裕。
搬到外滩金陵东路的汉弥尔顿公寓里。

小姨和舅的关系直到老都没有彻底化解。甚至
互不往来。即使偶尔在某些场合见到，也不打
招呼。为何恩怨深至如此程度，至今我还
觉得奇怪，真是五根手指不一般齐。

[六] 外婆家

讨好，最后往往是外婆用忍性和宽容让了媳妇，一切又恢复正常。

小姨王玲瑾一直上学，学的是商业会计。毕业后就到上海电信局当财务职员。小姨也是个特别好强、性格十分固执的人。常因和兄嫂的争执而积成常年的矛盾，有时因为自己生闷气而一人躲在低窄黝黑的阁楼中（是放陈年不动的各种杂物的），坚不下楼，长达数日。后来出嫁成了家，丈夫是个四川人，叫刘属九。搬到外滩金陵东路的汉弥尔顿大楼里，家庭生活较富裕。

小姨和舅舅的矛盾直到老都没有彻底化解，两人甚至互不往来。即使偶尔在某些场合见到，也不打招呼。为何恩怨深至如此程度，至今我还觉得奇怪，真是五根手指不一般齐。

海盐石板院子

〔六〕 外婆家

小提琴

汉弥尔顿大楼（现为福州大楼）

〔七〕国破家散

母亲携哥z到了重庆后，起初也有些音讯，以后就查然。后来才听母亲哥z说起一些事情。父亲后来随南洋大学同学沈怡辗转到西北。沈在兰州成立了一个西北林牧水利公司，父亲给他当襄理。所以在那里安顿下来。住在一个小院里，院中栽有苹果和梨树，还有杏子树。到了瓜果季节，根本吃不完，就晒成干果。过得十分安逸。哥z当时上了兰州有名的扶轮小学。在远离抗战烽烟的大西北，度过了几个春夏秋冬。

后来父亲得了膀胱病，尿血不止，当时在兰州医院，诊断是膀胱病，但是没法开刀动手术。

郑州员工子弟学校校徽

　　母亲携哥哥到了重庆后，起初尚有些音讯，以后就杳然。后来才听母亲、哥哥说起一些事情。父亲后来随南洋大学同学沈怡辗转到西北，沈在兰州成立了一个西北林牧水利公司，父亲给他当襄理，所以在那里安顿下来。住在一个小院里，院中栽有苹果树和梨树，还有杏子树，到了产果季节，根本吃不完，就晒成干果，过得十分安逸。哥哥当时上了兰州有名的扶轮小学，在远离抗战烽烟的大西北，度过了几个春夏秋冬。

　　后来父亲得了膀胱病，尿血不止，当时在兰州医院诊断是膀胱瘤，但是没法开刀动手术，因为医院根本没有相

〔星原说〕
扶轮小学是给铁路员工提供的福利，全国各个地区都有扶轮小学。

因为医院根本没有相应的手术器械，母亲焦急如焚，正在一筹莫展的时刻，忽然有了转机和希望。原来有一位留学德国的医生回国不久，就在兰州，（德德国）而且正巧带回一套可以（供）膀胱痛动手术的器械，很快给父亲动了切除手术。幸亏是良性（的）这样才得以解救。

手术后父亲只能在家养病，（时间很长）一家三口的生计就无法维持。于是母亲就挑起了重担。谈到这些情况，父亲也一直说：你母亲在整个家庭的千斤担子上，起码挑了八百斤。此话是有实在的根据和内容。

一个南方人，在兰州可以说是毫无根（基），无了依靠，只有自己想办法找出生路。母亲把仅有的陕西家（寄）值些钱应的手术器械。母亲忧急如焚，正在一筹莫展的时刻，忽然有了转机和希望。原来有一位留学德国的医生，回国不久，就在兰州，而且正巧从德国带回一套可供膀胱瘤手术的器械，很快给父亲动了切除手术，幸是良性，这样才得以解救。

手术后父亲只能在家养病，时间很长，一家三口的生计就无法维持，于是母亲就挑起了重担。谈到这些情况，父亲也一直说："整个家庭的千斤担子，你母亲起码挑了八百斤。"此话是有实实在在的根据和内容。一个南方人，在兰州可以说是毫无根基，无可依靠，只有自己想办法找出生路。母亲把家里仅有的值些钱的东西卖股，买了一台缝纫机（蝴蝶老牌）又借了些钱，买了数匹白棉布。因为正在抗战，极需要军用的被褥（枕套）兰州属后方，正式的缝纫厂规模都不大，所以民间私人也分担一部分、母亲就是不分昼夜地伏在缝纫机上做活儿。脚踏机器的声音到了半夜还未停辍。就这样赶去一批货，即能又挣到一些钱。家用之después 竟然有余，想来是母亲精打细算节俭有方的原因。不久，这种军需品随着战事的发迅而终于停止。母亲很快应变，想了另一条新计：做牛肉干。

甘肃地属西北，有广阔的草地适合放牧牛羊。因父亲在

蝴蝶牌缝纫机

变卖后,买了一台缝纫机(蝴蝶老牌),又借了些钱,买了数匹白棉布。因为正在抗战,极需军用的被褥、枕套,兰州属后方,正式的缝纫厂规模都不大,所以民间私人也分担一部分。母亲就是不分昼夜地伏在缝纫机上做活儿,脚踏机器的声音到了半夜还未停辍。就这样赶交一批货,即能赚取一点钱。家用之后竟能有余,想来是母亲精打细算、节俭有方的原因。不久,这种军需品随着战事的变迁而终于停止。母亲很快应变,想了另一条新计:做牛肉干。

甘肃地处大西北,有广阔的草地,适合放牧牛羊。

林牧公司做过事,所以有些关系。母亲通过这个渠道进了大批牛肉,买了很多缸盆,将牛肉选切干净后,用盐、酱油、花椒、咖喱、糖泡浸,然后烹煮,烂透后再晒,最后制成牛肉干。母亲做得一手好菜,就凭这份经验,做成的"咖喱牛肉干"投放到需要的食品店或餐馆,竟然大受欢迎。就这样维持住了全家的生活开支,还有盈利。一直到我父亲康复后重新有了工作。这期间,母亲的压力和艰辛可想而知,可她这种坚韧的生活态度,对我们深有影响。关键是母亲能会幸苦蒸装重压在身,但却是没有因此而

[七] 国破家散

因父亲在林牧公司做过事，所以有些关系。母亲通过这个渠道进了大批牛肉，买了很多缸盆，将牛肉切洗干净后，用盐、酱油、花椒、咖喱、糖浸泡，然后烹煮。烂熟后再晒，最后制成牛肉干。母亲做得一手好菜，就凭这份经验，做成的"咖喱牛肉干"放售到需要的食品店或餐馆，竟然大受欢迎。就这样维持住了全家的生活开支，还有盈利，一直到我父亲康复之后重新有了工作。这期间，母亲所受的压力和艰辛可想而知，可能这种坚韧的精神和生活态度，对我们深有影响。关键是母亲虽含辛茹苦、重压在身，但却并没有因此而愁眉苦脸、惊慌失措，脸上总有一种活力和从容。也未改变她开朗的性格，能体谅人、善待亲友。高兴时还能哼几句京戏。从小在纱厂当童工的母亲，经历不凡，就凭着她的智慧、意志与毅力，闯过了一个又一个难关。

〔八〕父亲的失望

愁眉苦脸，脸上还有一种活力，也表现出她开朗的性格。待待诸人，善待亲友。高兴时还能哼哼几句京戏。从小在纱厂当童工的母亲，毅力不凡，就凭着她的智慧，意志与毅力，闯过了一次又一个难关。

抗战胜利后，父亲一个人先从重庆坐飞机回到上海，东西南北大后方的许多人，都急着到沪与家人团聚，而飞机又极少，母亲和哥只好耐心等待。父亲随身只带了一个公文包，其中除了公文要件外，便是钱。不料下飞机坐车到市区的途中，为了照顾一位妇女而不慎将公文包遗失。身上又

公文包

[八] 父亲的失望

抗战胜利后,父亲一个人先从重庆坐飞机回到上海,在西南、西北大后方的许多人,都急于到沪与家人团聚,而飞机又极少。母亲和哥哥只能暂留等待。父亲随身只带了一个公文包,其中除了公文要件外,便是钱。不料下飞机坐车到市区的途中,为了照顾一位妇女而不慎将公文包遗失,身上只留下一小部分零用钱,就如此空身当下一小部分零用钱。就如此空身回到了我家老。

当晚他和我睡在一起，问长问短。根本不知道此刻父亲的心情。记得还问过一句，爹，你字写得好，是不是比蒋介石还要好？在我心目中，字写得好就了不起，蒋介石了不起，但字写得不如我爹，所以爹就了不起。

父亲是个读书人，希望我也能刻苦学问，八年未见，期望甚高。后来看我调皮贪玩、十分失望，所以渐渐与我疏淡。和父亲最亲密的那天过去后，虽然他仍未责备，但致於冷漠（暗中失望）。直到以后，我从母亲那里得到证实。父亲最喜爱我姊，小名硕莲，

[八] 父亲的失望

回到了钱家巷。当晚我和他睡在一起,问长问短,根本不知道此刻父亲的心情,记得还问过一句:"爹爹,你写的字好,是不是比蒋介石的还要好?"在我心目中,字写得好就了不起。蒋介石了不起,但字写得不如我爹,我爹就更了不起。

父亲是个读书人,希望我也能刻苦学习,八年未见,期望甚高。后来看我调皮贪玩,十分失望,所以渐渐与我疏淡。和父亲最亲密的几天过去后,虽然他从未责备,但显然暗中失望不满。直到以后,我从母亲那里才得到证实。父亲最喜爱我姊,其小名丽莲,所以常挂在口上所以幸亏立刻止吐着。于我并不嫌恶她。依然我行我素，嬉耍如故，若无其々。

没等好长时间，母亲和哥々也坐飞机回到上海。一家五口人，经过八年离乱，终于团聚。家父郓(任长期)寄居在外婆家已不合适，父亲丢失的钱，本来为买房子，也就已成泡影。幸好母亲还有一部分钱，于是就在北四川路附近嘉兴路(上)找了一栋弄堂房子租下，搬来一住就是好几年。那个弄堂名叫瑞丰里，从东到西一共有七八家。好几家是父亲单位的同事。为什么要搬到瑞丰里，不知其故。也也许正好在嘉兴路，和老家有某种巧合关连，海盐是属于嘉兴地区。

[八] 父亲的失望

叫着。可我并不嫉妒,依然我行我素,嬉耍如故,学业平平。

没等很长时间,母亲和哥哥也坐飞机回到上海。一家五口人,经过八年离乱,终于团聚。但长期都寄居在外婆家已不合适。父亲遗失的钱,本来可买房子,当然已成泡影。幸好母亲还有一部分钱,于是就在北四川路附近嘉兴路上找了一栋弄堂房子租下,搬来一住就是好几年。那个弄堂名叫瑞丰里,从东到西一共有七八家,好几家是父亲单位的同事。为什么要搬到瑞丰里,不知其故。但也许正好在嘉兴路,和老家有某种巧合关联,海盐县属于嘉兴地区。父亲少时在嘉兴念书,也常常谈及父亲少时在嘉兴唸书，也常к谈及在嘉兴读书之事情。譬如他常说过，嘉兴的一些饭馆，去的读书人多了，也读成好了，讲究文雅。店堂里挂满了浪人写的下联的对子上联。如对得工整含韵，则酒菜免费。这种风气後来竞多没有。對國學传统来讲，真有已非往昔之憾。

父亲在暑假救济总署上班，那是美國人在抗日胜利后成立的一个國際机构，专门救援二次大战中遭受侵害的國家和地區。在许多人看来，这个差使无疑是肥缺。很多國民党军政官员也十分眼热而没法挤入。父亲通过关系进入救济总署，我年少未知。但肯定是父亲的才学与办事能力

[八] 父亲的失望

在嘉兴读书的事情。譬如他曾说过，嘉兴的一些饭馆，去的读书人多了，也讲究文雅。店堂里挂满了让人续成一副对联的上联，如对得工整合韵，则酒菜免费。这种风气后来竟无复有。对国学传统来讲，真有已非往昔之憾。

父亲在善后救济总署上班，那是在抗日胜利后美国人成立的一个国际机构，专门救济"二战"中遭受炮火侵害的国家和地区。在许多人看来，这个差使无疑是肥缺，很多国民党军政官员也十分眼热而设法挤入。父亲通过什么关系进入救济总署，我年少未知。但肯定是父和一丝不苟的认真态度得到上司的赏识和起责任。比其他同事来，他只靠每月薪水，不去利用这个机构捞油水干份外的事。廉洁奉公是他的原则。去别人看来，很迂腐。母亲有时戏称为"迂夫子"。对我们姊弟说：你爸连总署办公用的信封信纸从来不往家中带。而自己用同自己喜欢的中式信封和八行笺。

瑞丰里弄堂的最西一家，也是父亲的同事，姓霍，年纪很轻，我们也叫他"伯伯"。是从美国留学回来的，穿西服，自然是洋派。他家有两个女儿，是双胞胎，大的名叫海伦，小的叫芳拉，上学有汽车接送，有一两次到我家来，都着一身

[八] 父亲的失望

亲的才学、办事能力和一丝不苟的认真态度得到上司关注、赏识。比起其他同事来，他只靠每月薪水，不去利用这个机构干分外的事捞油水。廉洁奉公是他的原则。在别人看来，很迂腐。母亲有时戏称他为"迂夫子"，常对我们姊弟说："你爹连总署办公用的信封信纸都从来不往家中带，而只用自己喜欢的中式信封和八行笺。"

瑞丰里弄堂的最西一家姓罗，也是父亲的同事，虽然年纪很轻，我们也叫"罗伯伯"，是从美国留学回来的。一身西服，自然是洋派。他家有两个女儿，是双胞胎，大的名叫海伦，小的叫劳拉，上学有汽车接送，有一两次到我家来，都着一身白裙，好似洋画上的模样。见面时，我不知所措，因为从来没有与这样的女孩接触过。在她们嘴里，我头一次听到"派对"这个洋词，也不知其意，直到后来学了一两年英语，才懂原来是"PARTY"的上海译音。

〔回望——朱乃正手书童年〕

[八] 父亲的失望

朱乃正风景速写（碳素笔）

〔九〕孟母三迁

白裙。好似洋画上的模样。见面时，我不知所措，从来没有与这样的女孩接触过。在她们嘴里，我头一次听到"派對"这个洋词，当时也不知其意，直到后来学了一两年英语，才懂原是PARTY的上海译音。

大概嫌这四周的环境不够高档，一年过后又搬到别处去。再也见不到这一位说"派對"的白裙女孩。后来听说举家迁美国。

回想起来，瑞丰里确实不如四川有岩地段的花园洋房。房子规格和住的人家都较一般。接近平民，附近也没有高楼大厦、各种商店。跳四川北路大概嫌这弄堂四周的环境不够高档，一年过后又搬到别处去。从此再也见不到这二位说"派对"的白裙女孩。后来听说她们举家远迁美国。

　　回想起来，瑞丰里四周确实不如有些地段的花园洋房。房子规格和住的人家都较一般，接近平民，附近也没有高楼大厦、各种商店。离四川北路还有一点距离，还有一些距离，还要经过一座嘉善码桥。左弄堂近属的马路，是用石块铺成的，高低不平，走起来很不舒服。上海许多地方都是这种马路，钱家苍三家的门前一条街，也是如此。父亲土板脚底有老茧成鸡眼，更是痛恨这条"弹格路"（本地人称为）。无论白天或晚上，只要马路上烟纸店（卖日用杂货）开门，必然放出收音机的声音。无非三种内容：一是京戏，二是流行歌曲，三是苏州评弹。京戏放的是"四郎探母"、"武家坡"、"三堂会审"等，流行歌曲有"夜上海"、"香槟美酒"、"何日君再来"……评弹则是每晚连着播放的"秋海棠"，都是在

收音机

并要经过一座嘉兴路桥。在弄堂近处的马路，是用石块铺成的，高低不平，走起来很不舒服。上海许多地方都是这种马路，钱家巷王家门前的一条路，也是如此。父亲大概脚底有老茧或鸡眼，更是痛恨这条（本地人称为的）"弹格路"。无论白天或晚上，只要马路上烟纸店（卖日用杂货）开门，必然放出收音机的声音，无非三种内容：一是京戏，二是流行歌曲，三是苏州评弹。京戏放的是《四郎探母》《武家坡》《玉堂春》等，流行歌曲有《夜上海》《香格里拉》《何日君再来》……评弹则是每晚连着播放的《秋海棠》，都是在晚饭后万家灯

晚饭后万家灯火时播劳的。母亲爱听，只要在家，必坐在收音机旁收听毋误。我~~～～～～～~嫌吵，常去关掉，而母亲又打开。後来她对我们说：你们坐下来，耐心听一两次後觉得不好再说，我静听一次之后，也被吸引。由此有芳者迷，一到节目开始，主动打开收音机，陪母亲听完才罢。表演这一评阵节目的人是个男的，当年赫有名，远在芭蕾娟等之上。他一也弹，一也唱，道白时能模拟剧中各种人的不同嗓腔，还能发出不同的开门关门声音，如马蹄踏过，雷雨，敲钟，刀子扎进肉体喷出鲜血时的声音。那时候乎之在真如中子住读，

[九] 孟母三迁

火时播放的。母亲爱听,只要在家,必坐在收音机旁收听无误。我嫌吵,常去关掉,而母亲又打开。后来她对我们说:"你们坐下来,耐心听下去,一两次后觉得不好再说。"我静听一次之后,也被吸引,由此有点着迷,一到节目开始,主动打开收音机,陪母亲听完才罢。表演这一评弹节目的人是个男的,当年赫赫有名,远在范雪君等之上。他一边弹,一边唱,道白时能模仿剧中各种人的不同嗓腔,还会发出不同的声音,如马蹄踏过、雷雨、敲钟、开门关门、刀子扎进肉体喷出鲜血时的声音。那时候哥哥在真如中学住读,姊姊在沪西有名的教姐在沪西教会学校中西女中住读，星期六才回家，所以平时只有我在家。放学回来，母亲就催我先把功课做好。否则晚上不许听"秋海棠"。

直到现在我还能哼出蒋丁贵、王宝钏、苏三等几个唱段。也没想到文革以后，又重新听到台湾歌人唱的"廉之音"，依旧迷倒了新的一代人。而"秋海棠"的单人评弹，却再也无人继之。

会学校中西女中住读，星期六才回家，所以平时只有我在家。放学回来，母亲就催我先把功课做好，否则晚上不许听《秋海棠》。直到现在我还能哼出薛平贵、王宝钏、苏三等的几个唱段。也没想到"文革"以后，又重新听到台湾歌人唱的"靡靡之音"，依旧迷倒了新的一代人。而《秋海棠》的全本单人评弹，却再也无人继之。

不像现在的学龄儿童，一般就近上了哪个学校，六年连着。可是当年的我并不如此。小学就内外家念（又到）念过十字。○○○○○○那是沦陷时期，○日本人规定从四年级开始要学日文。我读了三年级后来，日本投降。所以没轮上念日文。四年级就到恩周路上的仍叫私立民范附小去读。开学那天，校长陈鹤琴上台讲话。他是著名的儿童教育家。上台不像时下，不论有无稿子，都要讲一番正经的大道理。而这位陈校长却领头指挥带着老师生作集体游戏。台下一起动，学生随之跳跃起来，真是手之足之舞之蹈之。都喜欢这样的学校。四年级分两班。我的班上大约有三十多人。

[九] 孟母三迁

不像现在的学龄儿童，一般就近上了哪个学校，六年连着。当年的我并不如此，小学由钱家巷小学开始，又转到念慈小学。那是上海沦陷时期，日本人规定从四年级开始要学日文。我读完三年级，日本投降，所以没念日文。四年级就到愚园路上的幼稚师范附小去读。开学那天，校长陈鹤琴上台讲话。他是著名的儿童教育家，上台不像时下，不论有无稿子，都要讲一番正经的大道理。这位陈校长领头指挥，带着新老学生做集体游戏，台上台下一起互动，学生随之活跃起来，真是手之舞之足之蹈之。大家都喜欢这样的学校。四年级分两班，我们班上大约有三十人，座位根据个头高低来分配，我当座位根据个头高低来分配。我当然分在前排。练操时亦复如此。在大个子中，有一同学与我友善，岁数起码比我大上两岁。在我看来已经像个大人。大概怕我弱小而受人欺侮。所以经常伴我。他剃个平头，身体壮实，方正的脸有一股勃勃英气，我也愿意和他在一起，直到现在还记得他的名字叫张季中，天生是一个领头人物。他家就在学校斜对面，他父亲就在街面上开了一个威海汽车修理行。在幼师附小喻了一年多。家已在瑞丰里，上学不便，抢是又要转学。幼师直到现在，依然还在。每次返沪有机会，我常走过，往过熟悉的校门和教学楼，看还着不凡时期的

汽车修理行账本

然分在前排。练操时亦复如此。在大个子中，有一同学与我友善，岁数起码比我大上两岁，在我看来已经像个大人。大概怕我弱小而受人欺侮，所以经常伴着我。他剃个平头，身体壮实，方正的脸有一股勃勃英气。我也愿意和他在一起，直到现在还记得他的名字叫张季中，天生是一个领头人物。他家就在学校斜对面，他父亲就在街面上开了一个威海汽车修理行。在幼师附小念了一年多，家已在瑞丰里，上学不便，于是又要转学。幼师附小直到现在，依然还在。每次返沪有机会，我常走路经过熟悉的校门和教学楼。望着不同时期的少男少女进多多少少进进出出之，不禁回忆起我在此上学的情景。岁月它我又凝缩地回到当年。经过这里必然要看望一下对面的那个汽车修理部 早已不复存在，那位像兄长一样的周学陈贵中也不知去何方？心中怅然。

[九] 孟母三迁

进出出，不禁回忆起我在此上学的情景。岁月突然又凝缩、抽回到当年。经过这里必然要看望一下对面的那个汽车修理行，早已不复存在，那位像兄长一样的同学张季中也不知在何方。心中怅然。

[星原说] 每个人都有一个难忘的大兄长。

张君秋扮演的《武家坡》中的王宝钏

陈鹤琴校长

[九] 孟母三迁

[十] 川岛芳子,川岛芳子!

哥二在真如中学读书，离家太远，一个月才能回家一次。母在江湾有一中正中学，上海光复后所建的，校舍与教学都听到称道（管理）。哥二决定转学报攻，父母考虑到如我也能进此学校，则弟兄二人就可以相伴。所以小学尚未毕业的我，也一齐报名上初中一年级，除攻几门功课外（国文、算术、史地常识），另外有还通过一道口试。记得口试时有一问：现在的南京市长是什么人？问者以为肯定不能准确回答（我），因而任命（恭不久）。殊不知，此人即是父亲的同学，并一度在西北林牧公司共事的沈怡。因当时听父母在家提起此事，堂然无知。校方都以为此子能知晓

〔十〕川岛芳子,川岛芳子!

哥哥在真如中学读书,离家太远,一个月才能回家一次。在江湾有一中正中学,上海收复后新建的,校舍与教学管理都听到人称道。哥哥决定转学报考,父母考虑到如我也能进此学校,则弟兄二人就可以相伴。所以小学尚未毕业的我,也一齐报名上初中一年级,除考几门功课(国文、算术、史地常识)外,最后还要通过一道口试。记得口试时有一问:现在的南京市长是何人?问者以为我肯定不能准确回答,因市长前不久才任命。殊不知,此人即是和父亲同学,并一度在西北林牧公司共事的沈怡。因当时在家听父母提起此事,岂能无知?

时辰，竟然如此巧取。此后与哥之一同进入此校住读，每隔一周，回端平巷的家。记得此校见春季班与一般学校秋季班有别。

这个名为"中正"的学校，顾名思义，自然是国民党人物建办。学生一入校，即一律穿上了军服装。从头上帽子、军服军裤、肩章、佩带、铜唑都一应齐全。早上列队集会，齐声唱国歌、国诗。总之是半军事化训练。学生大半是国民党军政要员之子弟。

我班上有弟兄二人，叶邹楝、邹樾，不住校，他每天都有军用吉普车送到学校上下课。其父是邹住将军，是战犯之长。报上曾大篇幅报导至要咏萃我记之一——川岛芳子（著名特务，化为金壁辉）被枪

童子军徽章、哨子

校方却以为此子能知晓时事，竟就此录取。于是我与哥哥一同进入此校住读，每隔一周，回瑞丰里的家。记得此校是春季班，与一般秋季班学校殊异。这个名为"中正"的学校，顾名思义，自然是由国民党人物建办。学生一入校，即一律穿童子军服装，从头上帽子、军服军衫，到肩章、佩带、铜哨都一应齐全。早上列队集合，升旗唱国歌，背总理遗嘱、训话，是半军事化训练。学生大半是国民党军政要员的子弟。我班上有弟兄二人，叫邹栋、邹梁，不住校，每天都有军用吉普车接送到学校上下课。其父是位将军，是战犯处处长。报上曾大篇幅报道重要日本战犯之一川岛芳子（著名女特务，化名决处死的消息、还有尸骸的照片。令人自然认定其不在人间了。而这两兄弟却透出这么情多为在人世的内部惊人消息：川岛芳子未死，说是在他们家给兄弟二人教英语。不知此事真伪，也许永远是个谜。

我在校曾发生过几起大事。此学后曾到我式 升旗时才发现青天白日国旗不翼而飞，或在旗杆上出现政治标语，都是进步口号。为此训导主任脸色铁青，每天都盯住学生。这位老国民党员，头发稀疏，面部瘦削，眼睛小，尖削的鼻子，穿着一身黑灰色的制服。据说有"疯氛"病。走起路来步子很小，十分

［十］川岛芳子，川岛芳子！

为"金碧辉"）被枪决的消息，还有尸体的照片。世人自然认定其不在人间了。而这两兄弟却透出这名特务当在人世的内部惊人消息：川岛芳子未死，说是在他们家给兄弟二人教英语。不知此事真伪，也许永远是个谜。

学校曾发生过几起大事。如早晨举行升旗仪式时才发现青天白日旗不翼而飞，或在旗杆上出现政治标语，都是进步口号。为此训导主任脸色铁青，每天都盯住学生。这位老国民党员，头发稀疏，面部瘦削，眼睛小，鼻子尖削，穿着一身黑灰色的制服。据说有"疝气"病，走起路来步子很小，十分"慎行"。就住在学生楼首层

慎行。刘住在学生楼,前层中间。啃叶藏密坐识着
某夜,下了晚自习,
住校生。我俩而经过其门,灯已关,屋门上还有
以使宽通宽,好舒服
一玻璃窗卸向下钟开。 月光则好反射去屋内穿条,
在灯下,
发现甚云在用京西在擦抹下身,想这是爽身粉,
不愿一人"独享" 喊三
我示调皮,发现这一秘密後,踢步离去,叫到同学
终于
来看。人一多就有动静。被屋里人发觉,随之灯
但却
灭。第二天之他脸色更为阴沉,毫无动静和反应。
住那门上的玻璃窗再也不何下钟开而從此未爱。
因姓袁,也有人叫"袁大头",大家
学生们暗地背后叫他"大卵泡", 老远见了就躲他。
在中正中学上了一学期。父母就很不放心我们兄二人
身着全套外须的童子军服,且春夏秋冬要准备好

166

[十] 川岛芳子，川岛芳子！

中间，暗中严密监视着住校生。某夜，下了晚自习，我偶然经过其门，虽已关紧，但门上还有一玻璃窗向下斜开，以便流通空气，刚好如镜般反射出屋内景象。我发现其在灯下正在用东西擦抹下身，想必是爽身粉。我亦调皮，发现这一秘密后，不忍一人"独享"，蹑步离去，叫了两三同学来看。人一多就有动静，终于被屋里人发觉，随之灯灭。第二天见他脸色更为阴沉，却毫无动静和反应。但那门上的玻璃窗再也不向下斜开而从此未变。学生们暗地叫他"大卵泡"，因他姓袁，也有人叫"袁大头"，大家老远见了就躲他。在中正中学上了一学期，父母亲很不愿意我们兄弟二人身着全套的童子军服，且春夏秋冬要准备好几套，学校的政治色彩又太浓，干脆感卷，又发现政治色彩太浓。乾腕决计不继续上这个学校。

这时，为了离王宅位得近，就在家巷一块空地上，和其他跡人夫建了联体的小楼房，简单不实用，还带一个小阁楼和玩场花。楼上楼下盖成后，我们又从瑞丰里搬近去沪西。

兄弟二人都又转到育才公立教养中学，又回复到秋季班，我又重新一上字期读起。亦是住校，周六下午回家，周日晚上返校，来回都是坐电车。母亲每周返校时都分别给同样的零用钱（伙食费一学期先交清）。但我好各种糖果零食，每用都挣前花精光，和寻回家时，每次都凑出钱买电车票。次数多了，我不好意

[十] 川岛芳子，川岛芳子！

决计不继续上这个学校。

这时，为了住得离王宅近，父母就在钱家巷一块空地上，和其他熟人共建了联体的小楼房，简单而实用。楼上楼下，还带一个小阁楼和后阳台。盖成后，我们又从瑞丰里搬迁至沪西。兄弟二人却又转到南市区公立的敬业中学，又恢复至秋季班，我又重新从初一上学期读起。亦是住校，周六下午回家，周日晚上返校，来回都是坐电车。每周返校时，母亲都分别给同样的零用钱（伙食费按一学期先交清）。但我好吃各种零食，每周都提前花得精光，和哥哥回家时，每次都是他出钱买电车票。次数多了，我不好意思，于是坚决从南市步行回家，哥哥不放心，又陪我一路走回家。在路上东张西望，两个多小时，漫长的路也就无所谓了。

川岛芳子

真如中学

〔十〕 川岛芳子，川岛芳子！

童子军

(十一) 敬业中学

思，于是坚决依旧一步步引回家，弄之不放心，又陪我一
段走回家。在车站上东张西望，二手复切时，漫长的珍也就无所
谓了。

敬业中学是老牌学校，校长名叫陶廙川，其兄
是陶伯川，著名的文化教育界人士。学校比较朴
实，有平民化倾向，子弟鲜有出自豪门贵胄家的。当然
这是从一般穿着和你派上去估计识别的。在我一年
级的同班学生中，有一位是父亲方面的亲戚，论辈份
是我表兄，虽岁年少，但个子细长，面貌俊俏，唇红
齿白，扑扑叶觉，生用未变的嗓音，唱当时国内唱片机
一般的流行歌曲。那段时间我们两家过年过节

[十一] 敬业中学

敬业中学是老牌公立名校,校长是陶广川(其兄是陶伯川),著名的文化教育界人士。学校整体风气比较朴实,有平民化倾向,子弟鲜有豪门贵胄。当然这是从一般穿着和做派上去估计、识别的。在我初中一年级的同班学生中,有一位是父亲方面的亲戚,论辈分是我表兄,叫刘肇茎,小名呼为"奎奎"。虽尚年少,但个子细长,面貌俊俏,唇红齿白,打扮时髦,能用未变声的嗓音,唱出如同收音机一般的流行歌曲。那段时间,我们两家过年过常有来往,讲的都是一口海盐话。如"好得很","不得了","十分"也就上海说的"邪气",海盐叫"继完"。"早着呢""挪拉太久""等得太长"称为"来得习"……,"我"称"哦诺"或"哦啦"。到现在我仍记得说出的家乡话,就是这几个词。后来回老家,别人听不懂,相互问顿觉尴尬。表兄后来学的是土木建筑,很早自由恋爱找了一个漂亮姑娘促婚成家。过的很有滋味。我从美院分到青海后,探亲回沪时,还见过一两次。文革之前,突然得到他的消息。全然等离定。这么一个优秀之山人,竟然消失,不可思议。后来才知道是半夜睡觉时突然气断,一旁睡着的表嫂竟毫无觉察,等到节常有来往，讲的都是一口海盐话。如"好得很""不得了""十分"，也就是上海话的"邪气"，海盐话叫"维完"；"早着呢""拖拉长久""等得太长"，称为"米得司"；"我"称"哦诺"或"哦啦"……到现在我能记得、说出的家乡话，就是这几个词。后来回老家，别人听我说了，相互间顿觉亲切。表兄后来学的是土木建筑。很早自由恋爱找了一个漂亮姑娘结婚成家，过得很有滋味。我从中央美术学院分到青海后，探亲回沪时，还见过表兄一两次。"文革"之前，突然得到他死去的消息，令我十分惊诧。这么一个活生生的人竟能消失，不可思议。后来才知道是在半夜睡觉时突然气断，一醒来时才发现身旁的部君已通体冰冷。事后又有传言，说表嫂外面曾与一个男人（她的同事）有来往。怀疑表哥的死纯属谋杀。当地验尸追究，结果是不了了之。不久表嫂确也改嫁了。 表兄比我大一旬，如果在世，已是古稀之年。记述至此，昏灯之中我仿佛还能回忆耳听他曾经十分地道的京剧歌曲："莫忘了今宵……"

另一位同宗也是亲戚，叫陆鑫壳，是外婆家的同一系，论辈份，我得称"爷叔"，因是同庚同窗，亦就免了，互相直呼名字。其兄陆霖鑫，也和我哥之同年，在初二与哥之同班。也是玩耍的伙伴。解放后，这弟兄俩都考上哈工大和哈军工。一个毕业后旁睡着的表嫂竟毫无觉察,等到醒来时才发现身旁的郎君已遍体冰冷。丧事后又有余音,据说表嫂外面与一个男人(她的同学)有来往。刘家怀疑表哥死得很蹊跷,曾想验尸追究,结果还是不了了之。不久表嫂确也改嫁了。表兄比我大一岁,如果在世,已是古稀之年。记述至此,晨烟之中,我仿佛还能回忆、聆听他唱得十分地道的流行歌曲:"莫忘了今宵……"

还有一位同学也是亲戚,叫陆鑫尧,是外婆家的一系。论辈分,我得称"爷叔",因是同庚同窗,亦就免了,互相直呼名字。其兄陆鑫隆,和我哥哥同年,在初二与哥哥同班,也是玩耍的伙伴。中华人民共和国成立后,这弟兄俩分别考上哈尔滨工业大学和中国人民解放分到交大，另一个毕业后分到海军，成了军人，文革后才转业到地方工作，也回到上海芦胧。此后还有来往。

班上还有一位姓刘的同子，名字也早忘却。但"鸭嘴歇"的绰号怎么也忘不掉，绰号的来源是其常年患口疮。上下唇皆有溃烂，结成痂使唇加厚。有人开头一叫，众人觉得形象比喻确切生动，亦就叫开了。调皮，功课差，其貌不佳，这是我们的共同题，所以就能玩在一起，说到一道。

每节课下课，铃声未绝，我们就蜂拥窜奔，手中早已抓好乒乓球拍，直奔操场上的球桌，先占而挥拍。桌上无网，则用两块红砖，搭上一根竹竿，争夺军军事工程学院。一个毕业后分到上海交通大学，另一个毕业后分配到海军，成了军人，"文革"后才转业到地方工作，也回到上海落脚，以后还有来往。班上还有一位姓刘的同学，名字也早忘却，但"鸭嘴兽"的绰号怎么也忘不掉。绰号的来源是其常年患口疮，上下唇皆有溃烂，结成痂使唇加厚。有人开头一叫，众人觉得形象，比喻确切生动，亦就叫开了。调皮、功课差、其貌不扬，这是我们的共同点，所以就能玩在一起，说到一道。

每节课下课，铃声未绝，我们就蹿出教室。手中早已抓好乒乓球拍，直奔操场上的球桌，先占而挥拍。桌上无网，就用两块红砖，搭上一根竹竿。夺得赢家，能赢家，俩继续做作业，弄成败将，则另有"下兑"。上课铃一响，復又奔回教室，气急吁吁，喘息不止，或已大汗淋漓。

~~课程外事我极为烦~~ 我因年级小、岁数小、个子小。表兄、陆鑫完、陽嘴默 都叫我"矮兄"。在下课奔抢球桌时 常受其它大同学欺侮。我哥之就在此时，一傍看顾，挺身而出保护我，使俺免遭干脚。

教楚中学的校舍斜对面，就是文庙。也必是我们课余玩耍之處。文庙大门，即有一条小河，通过小桥，再入前殿。河水墨绿色，传说很深，水底有大龟，人称癞头龟。据说老的一只已近千年，小的也有七百多岁。

以前间有浮出水面之时，仅有一次目击出在文庙，继续占桌；落成败将，则只有"下台"。上课铃一响，复又奔回教室。气急吁吁，喘息不止，或已大汗淋漓。我因年级低、岁数小、个子小，表兄、陆鑫尧、"鸭嘴兽"都叫我"矮兄"。在下课奔抢球桌时，我常受其他大同学欺侮。我哥哥就在此时一旁看顾，挺身而出保护我，使我免遭手脚。

敬业中学的校门斜对面，就是文庙，也必是我们课余玩耍之处。一进文庙大门，即有一条小河，通过汉白玉小桥，再入前殿。河水墨绿色，传说很深，水底有二只大龟，人称"癞头鼋"。老的一只已近千年，小的也有七百多岁。以前间有浮出水面之时，但有一次日本兵在看到大龟浮出，即用枪射之，但未能伤其毫厘，因为这大龟修炼成精，刀枪室(不入)奈何它。我们常去该庙，还望有好运想再碰睹一次，所以往往耐心地凭栏俯看，望着这些浑浊的水面，（有一次）终于等到，欣喜至极。确实在龟背上（总是失望而就去。）看到一块小碗口大的黄斑，这便是（中了）日本兵枪弹之处，以后，就再也没有见过。那时候就怪恨日本兵如此蛮狠，水要打死这千年之精，而又钦羡这坚硬不惧枪弹的龟背。

[十一] 敬业中学

文庙，看到大龟浮出，即用枪射之，但未能伤其毫厘。因为这大龟修炼成精，刀枪不入，岂能害之？从此，二只老龟再也不随便冒出。我们常去文庙，就是想有好运亲睹一次，所以往往耐心地凭栏俯首，望着这幽深的水面，总是失望而离去。有一次，终于等到，欣喜至极。确实在暗绿有苔的龟背上见到一块小碗口大的黄斑，这便是中了日本兵枪弹之处。以后，就再也没有见过。那时候就怪恨日本兵如此蛮横，非要打死这千年之精，而又钦羡这坚硬、不惮枪弹的龟背。

敬业中学

[星原说]

敬业中学建于乾隆十三年（一七四八年），民国时期为上海著名的市立模范中学。

〔十二〕贪玩的我

像我这般调皮贪玩的学生，功课必然拉差。数理化尤甚（次）。拿不及格，要等期末补攻。于是临时抱佛脚，而每次竟能及格过关。未至留级。有一次上代数课，

（涌上教算字的室阶处）

课前，我在黑板上乱写几个字，是代数老师的外号。我想老师进教室之前，定能擦去。讵知那天鬼使神差，别的粉笔字都已擦去，留下这刺眼的绰号："痨病鬼"，这时老师已迈进教室，立即见到黑板上的字。那时我真无地自容。老师问：谁写的？众人的眼光大部份都投向前座的我。我只有起立认错。结果这位姓史的老师说了一番话，令我终生铭记不忘。

[十二] 贪玩的我

像我这般调皮贪玩的学生，功课必然极差，数理化尤次，常不及格，要等期末补考，于是临时抱佛脚，而每次竟能及格过关，未至留级。有一次上代数课，课前，我在满是粉笔字的黑板上的空隙处乱写了几个字，是代数老师的外号。我想老师进教室之前，定能擦去，谁知那天鬼使神差，别的粉笔字都已擦去，单单留下这明显的绰号："痨病鬼"。这时老师已迈进教室，立即见到黑板上的字，那时我真无地自容。老师问："谁写的？"众人的眼光大部分都投向坐前排的我。我只有起立认错，结果这位姓史的老师说了一番话，令我终生铭记：

"你功课不好，以后想干什么，能做什么？工程师？医生？教书都不行。那只有卖力气，拉洋包车，踏三轮车，但盆你又瘦又小。这些你也干不了！"

这席刺人的训言，真是大大伤害了我：伤到我年少的心灵深处。这潜隐的伤痛从此陪伴我一生，鞭笞着我懒惰的习性而励精自己的心志。如若此生尚有小成，实在要感谢这位老师的这席逆耳的忠言。

终于升到二年级。这时国共两军内战，烽烟已弥漫北上南下，上海虽然尚未闻枪炮，但社会生活在急剧变化，校园中也躁动起来。

[十二] 贪玩的我

"你功课不好，以后想干什么？能做什么？工程师？医生？教书？都不行。那只有去卖力气，拉洋包车，蹬三轮车，但是你又瘦又小，这些你也干不了！"

这席刺人的训言，真是大大伤害了我，伤到我年少的心灵深处。这潜隐的伤痛从此陪伴我一生，鞭笞着我改掉懒惰的习性而历练自己的心志。如若此生尚有小成，实实在在要感谢这位老师这席逆耳的忠言。

终于升到初中二年级。这时国共两军内战的硝烟已弥漫，北上南下。上海虽然尚未闻见枪炮，但社会生活在急剧变化，校园中也渐渐躁动起来。

全国券闹纸贬值。票面数字越来越大，由百元起挟摇直上到百万。物价随之飞涨。学校中的地下党员和进步学生开始露头。进步口号标语时现。

"山那边呀好地方，一片麦田黄又黄……"的歌声也渐渐唱起来。而且频率越来越扩大。解放区和共产党的名词已经常听到见到。那些高年级的学生也神秘地出没，很少来教室上课。

小姨随姨父到重庆。金陵东路的公寓就托母亲专看管。所以我们全家又经沪西暂迁到那个公寓。住在公寓上面是顶层，上下都得坐电梯。公寓离外滩很近，离教业中学也不远，我和哥哥不用

民国时期的钱

金圆券开始贬值，票面数字越来越大，由百元起扶摇直上到百万。物价随之飞涨。学校中的地下党员和进步学生开始露头，进步口号、标语时现。"山那边呀好地方，一片麦田黄又黄……"的歌也悄悄唱起来，而且频率越来越高。"解放区"和"共产党"的名词已经常听到、见到。那些高年级的学生也神秘地出没，很少来教室上课。

小姨随姨父到重庆。金陵东路的公寓就让母亲去看管。所以我们全家又从沪西暂迁至那个公寓。住在八层，上面是顶层，上下都得坐电梯。公寓靠外滩较近，离敬业中学也不远。我和哥哥不用住校，更不用坐电车，只需走住校，又不用坐电车，只需走上廿多分钟就可到校。可惜母亲舍放弃这一方便才搬进来住。

这一套新房是两室一厅，客厅是落地大玻璃窗，有宽大的沙发，卫生间、厨房（带煤气的，有浴缸，还有）。家俱厨柜都是红木的，玻璃锃亮。这比我们在钱家巷里的小二层楼房阔气多了。爸爸好景不常，上海骚动起来，特别北平的解放（解放军渡江南下），南京的失守，驻守在上海的汤恩伯的也撤离，随蒋介石到了台湾。战火已逼近上海。

[十二] 贪玩的我

上二十多分钟就可到校，可能母亲考虑这一方便才搬过来住。

这一套公寓是两室一厅，客厅有落地大玻璃窗，有宽大的沙发，卫生间有浴缸。公寓还有带煤气的厨房。家具都是红木的，玻璃铮亮。这比我们在钱家巷盖的小二层楼房阔气多了。然而"好景"不长，上海滩动荡起来。特别是北平的解放，解放军渡江南下，南京的失守。驻守在上海的汤恩伯也撤离，随蒋介石到了台湾。战火已逼近上海。

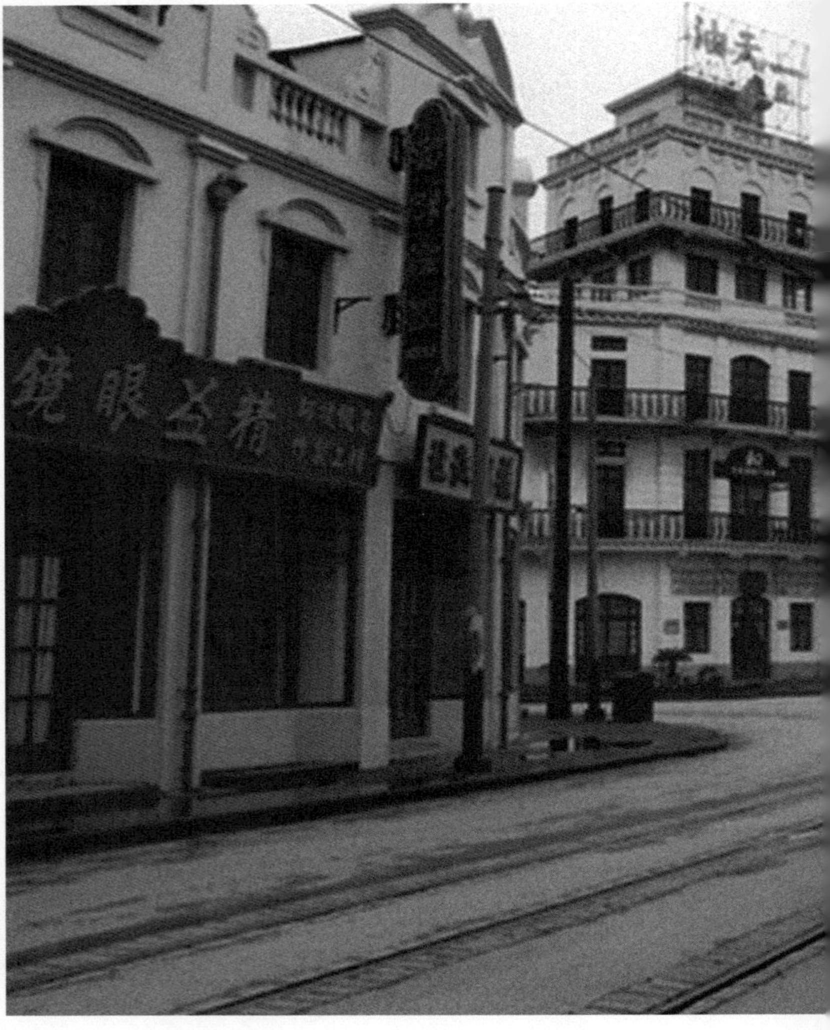
精益眼镜

乃正家附近的电车

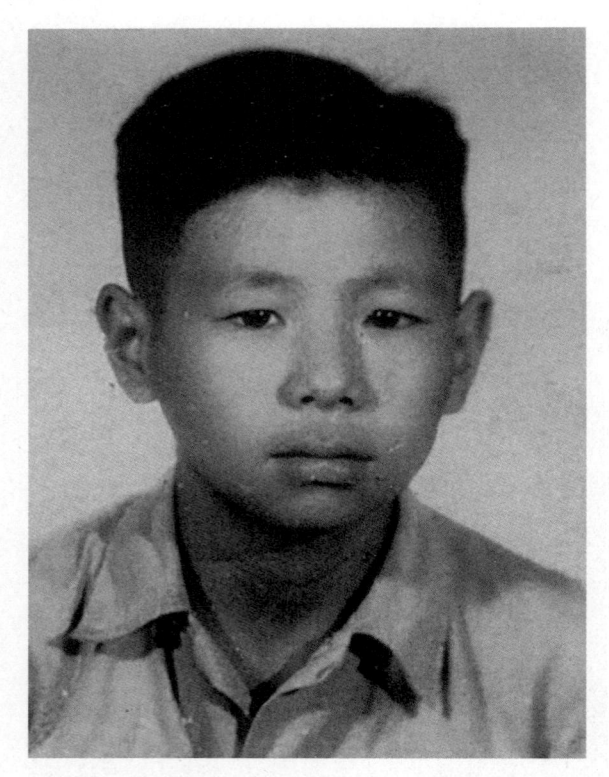

一九四九年十月，朱乃正中学时期照片，乃正在教室的淘气程度堪比小三毛哇！

(十三) 国民党溃败

学校也一片混乱。街上全是倒卖银洋的"黄牛"，三三两两地聚集在校门口和电线杆下。"大头、大头"（即袁世凯头像的银洋）地喊个不停，一摞银洋在手中慢来慢去，发出清脆的声音，有时还抽出一枚，用力吹一下，放在耳朵边听，这声音来测定成色真伪。

不久美国飞机在空中盘旋呼啸，特别是B29的大型轰炸机的巨响震耳欲聋。国民党放弃了上海，所以想炸掉一些主要设施，最主要是水电厂。

袁大头

　　学校也一片混乱，街上全是倒卖银洋的"黄牛"，三三两两地聚集在校门口和一根根电线杆下，"大头（即袁世凯出的银洋），大头"地喊个不停。一摞银洋在手中晃来晃去，发出清脆的声音。有时还有人拿起一枚，用力吹一下，放在耳朵边听，凭声音来测定成色真伪。

　　不久美国飞机在空中盘旋呼啸，特别是B-29大型轰炸机飞得很低，掠过后的巨响震耳欲聋。国民党放弃了上海，所以想炸掉一些重要设施，最主要的是自来水厂、军火库和大的货栈。外滩亦是轰炸的目标。在1944年的春天，轰炸的日益频繁。我和哥二上学，一路往常遇到空袭，警报一响，立即躲到附近的店门或住家的门下。我遇到了可以进去的店铺。学校已改为上午有课，下午停课。孩子回家的路上容易遇到空袭，提心吊胆。母亲为此大不放心，于是我又搬回沪西钱家巷的房子。那里倒没有被轰炸的目标。

上海陷于人心惶惶的境地，风声鹤唳。一时抢购米面和食油作囤积准备。繁华和喧闹的十里洋场已萧条不堪。

发电厂、军火库和大的货栈。外滩亦是轰炸的目标。在一九四九年的春天，轰炸日益频繁。我和哥哥上学，一路经常遇到空袭，警报一响，立即躲到附近的门店或住家的门下，或钻到可以进去的店铺。学校已改为只有上午有课，下午停课。放学回家的路上，最容易遇到空袭，提心吊胆。母亲为此大不放心，于是又搬回沪西钱家巷的房子，那里倒没有被轰炸的目标。

上海陷于人心惶惶的境地，风声益紧。一时，人们抢购米、面和食油做准备，往昔繁华和喧闹的十里洋场已萧条而瘫痪。

[回望——朱乃正手书童年]

"国军"空袭上海

〔十四〕古盐祖地

第一次回老家海盐

从祖父（辈）开始就举家迁至上海，虽然通过家里亲戚之中听到同乡亲友的乡音，也有或不时从他们交谈中知道一些家乡的情况，但究竟是怎样的地方，仍是无所知。

1948年，我的扁桃腺经常发炎，疼痛不已，容易头晕，特别在挥地或低头时尤为厉害。于是母亲领到医院去动手术。亨之也时发炎，但不严重，也与我一起上了手术台。他先做的手术，当然大一点，体质亦较好，开刀很顺利。轮到我就不一样了。这上手术台，开始喷麻药，让我

[十四] 古盐祖地

第一次回老家海盐。

从我祖父开始就落脚在上海，虽然经常在家中听到同乡亲友的乡音，或不时从他们言语中知道一些家乡的情况，但究竟是怎样的地方，我仍是无所知。

一九四八年，我的扁桃腺经常发炎，肿痛不已，容易头晕，特别在扫地或低头时更为厉害。于是母亲领我到医院去动手术。哥哥也有时发炎，虽不严重，也与我一起上了手术台。他先做的手术，岁数大一点，体质亦较好，开刀很顺利。轮到我就不一样了。送上手术台，数一、二、三……。数到十几后就逐渐无所知觉，只记得眼前一片兰色。手术完成，将我从手术台上抬下推送到病房时，我还昏迷未醒。母亲看到我嘴里吐出血块，十分焦急，以为有什么问题。问医生之后，才知道我年令小，反应大。在病房住了几天，家里觉得吸受，本来规定要住一个足期。最后到了第五天，我和弟弟说什么也不愿再住。母亲只好让我们出院。

此时正值暑假期，学校放假，父母亲说了我们应该趁此回老家海盐去看看。于是前由母亲带着姊弟二人来到海盐。先坐火车到嘉兴，再上长途车到老家。第一次回到的家乡，从环境到语言，从接触到开始喷麻药，让我数一、二、三……数到十几后我就逐渐无所知觉，只记得眼前一片蓝色。手术完成，护士将我从手术台放下，推送到病房时，我还昏迷未醒。母亲看到我嘴里吐出血块，十分忧急，以为有什么问题。问医生之后，才知道是我年龄小，反应大。我和哥哥在病房住了几天，实在憋得难受，本来规定要住一个星期，最后到了第五天，说什么也不愿再住。母亲只好让我们出院。

此时正值暑期，学校放假，父母亲认为我们应该趁此回老家海盐去看看。父亲要上班，于是就由母亲带着姊弟三人来到海盐。先坐火车至嘉兴，再上长途车到老家。第一次回自己的家乡，从环境到语言，从接触的人上人的生活习惯，和上海大有差异。

我们住在姑家里，她是父亲的妹妹，我们叫她德娘，是个上过私塾、未尝是她文化人。姑丈叫宋报平，担任国民党部的书记，在县上当然是个要人。住房亦就比较宽舒。姑丈个子在当时是挺算是高的，方脸瘦削，很少笑容，穿一身呈色的制服，就像以后看到电影里抗战国民党人物一样。

朱家一族在海盐县里虽不能居首位，但也数得上著名。有钱人家都有花园，听老人常提到李家花园、冯家花园，还有朱家花园。日本侵领后，将冯、朱两家花园烧毁殆尽，只剩下了李家花园。

到生活习惯，皆和上海殊异。

我们住在小姑家里，她是父亲的胞妹，我们叫她"德娘娘"，是个上过新学、未缠足的文化人。姑丈叫宋叔平，担任海盐县国民党部的书记，在县上当然是个要人。住房亦就比较宽舒。姑丈的个子在当时当地算是高的，方脸瘦削，很少笑容，穿一身黑色的制服，就像以后看到的电影里扮演的国民党人物一样。

朱家一族在海盐县里虽不能居首位，但也数得上前几名。有钱人家都有花园，听老人常提到李家花园、冯家花园，还有朱家花园。日本占领后将冯、朱两家花园烧毁殆尽，只留下了李家花园。我们到了海盐，在城里我们到了海盐,在城里可玩的地方就是这个花园。虽是个私人花园,但也准有限的人去游赏。解放后,这个花园便成为人民公园。改革开放后又恢复原来的园名"绮园"。现在这个"绮园"二字是我题字的。

小时便游绮园,觉得很大,亭台楼阁,上山下山,还有很大池水,可划一片小船穿石桥洞游。等到我第二次1982年再去看时,发现园子很小,那个穿过山石桥,竟是如此低矮,怀疑当时那小船如何能通过。但是这个方圆不大的绮园无论其规划布局和建筑设计皆见匠心,在江南独挑独特,也列为八大名园之一。

可玩的地方就是这个花园。虽是个私人花园，但也供有限的人去游赏。解放后，这个花园便成为人民公园。改革开放后又恢复原来的园名——"绮园"。现在这个"绮园"二字是我题的。

小时候游绮园，觉得很大，上山下山，亭台楼阁，还有很大一片池水，可划船穿石桥洞而游。等到我第二次（一九八二年）去看时，发现园子很小，那个可穿越的石桥，竟是如此低矮，怀疑当时那小船如何能通过。但是这个方围不大的绮园，无论是整体规划，还是建筑设计皆见匠心，在江南颇独特，也列为"八大名园"之一。

海盐绮园

朱乃正题字匾额

嘉兴烟雨楼

〔十五〕朱家老宅

朱家的老宅，称之为"怀德堂"。母亲带我们去谒访。房子不少，也没有挨个去看，我们只在天井、客堂里来回进出，一片陈旧的暗黑。这里住着父亲的一个隔房嫂之。除了她，父亲在族里是居长的。照名份和辈份，这家业和地产都应归父亲。但父亲早已离老家在上海读书做事，根本未受这份家产。所以当我们来到这怀德堂老宅时，这位头髻半白的嫂嫂舒出一个用兰印花布裹好的包袱。里面是所有的账本和地租。双手要交给母亲。母亲虽百般推辞不受。说："瞽官几十年在外，从未靠家，也不会再接受。"又原封不动地退还给她。

[十五] 朱家老宅

朱家的老宅,称为"怀德堂"。母亲带我们去谒访,房子不少,没有挨个去看,我们只在天井、客堂里来回进出,一片陈旧的暗黑。这里住着父亲的一个隔房婶婆,除了她,父亲在族里是最年长的。照名分和辈分,这家业和地产都应传归父亲。但父亲早已离老家在上海读书做事,根本未受这份家产。所以当我们来到这怀德堂老宅时,这位头发半白的婶婆拿出一个用蓝印花布裹好的包袱,里面是所有的账本和地租,要双手交给母亲。母亲当场推辞不受,说:"智官几十年在外,从来不靠它,也不会再接受。"又原封不动地退还给她。后来,我们后来，我们都十分庆幸和感念祖母就此举。否则解放后的土改运动中，我父母必成地主，而我们皆不免为地主崽子。听说土改时，婶婆自然是划成了地主婆，挨了斗，而德娘之和那位县党部的书记姑丈，也逃离到东北，在外躲了很长一阵，最后还是给抓获，经人民政权审判后枪决。

在老家对我们姊弟三人来说，完全是高高兴兴地过暑假。每天三顿饭不用担心，德娘之是个不爱多说话的人，笑起来还挺腼腆，有时会脸红，使她端正而平常的脸好看起来。白天我们我到县里有数的几条街道上转，窄窄的路都是用石板横铺的，

[十五] 朱家老宅

都十分庆幸和感念母亲此举。否则解放后的"土改"运动中，我父母必成地主，而我们岂不成为地主崽子？听说老家"土改"时，这位婶婆自然是划成了地主婆，挨了斗。而德娘娘和那位国民党县党部的书记姑丈，也逃离到东北，在外躲了很长一阵，最后还是给抓获，经人民政权审判后枪决。

　　在老家对我们姊弟三人来说，完全是高高兴兴地过暑假。每天三顿饭不用担心，德娘娘是个不爱说话的人，笑起来还挺腼腆，有时会脸红，使她端正而平常的脸好看起来。白天我们就到县里有数的几条街道上转，窄窄的路都是用大小石板横铺的，各种店铺都有。我记得最

各种店铺都有。我记得最清楚的是卖松糕的店。松糕是老家（也是江浙一带）的特产，用米粉做，有芝麻、方桃仁。还有普通甜味的，包在土纸里，一打开就是一块、正方的。只有二毫米的厚度，薄片，松脆，香甜，老小都爱吃。

再就是卖伞的。江南雨多，伞回随时用得着。一种是油布伞，在白布上涂上桐油，颜色是黄色的。还有一种是油纸伞，大都是土红色，也是涂上桐油。一打开伞，浓浓的桐油味就散发出来。这种伞现在几乎断绝，但那种桐油味道却仍留存在嗅觉的记忆中。

还有湖笔店，湖州也名笔，有油整纸边。所以老家的街上支允有笔店，卖文房四宝，笔墨纸砚、

海盐松糕

清楚的是卖松糕的店。松糕是老家（也是江浙一带）的特产，用米粉做，口味有芝麻，有桃仁，还有普通甜味的。一块块包在灰白的土纸里，打开就是只有二毫米厚的薄片，松脆、香甜，老小都爱吃。

再就是卖伞的，江南雨多，伞随时用得着。一种是油布伞，在白布上涂上桐油，最后是黄色的。还有一种是油纸伞，大都是土红色，也是涂上桐油。一打开伞，浓浓的桐油味就散发出来。这种伞现在几乎断绝，那种桐油味道却仍留存在嗅觉的记忆中。还有湖笔店，湖州出名笔，离海盐很近，所以老家的街上当然有笔店，卖文房四宝、笔墨纸砚。在柜台里除了文房用具之外，还

柜台里除了文房用具之外，还卖扇子。江南炎热，扇子亦是必备常用的物件，只是等级不同，文人雅士用的比较讲究，扇骨要好，扇面要有字画。柜台里摆了些有字画的扇面，价钱比一般扇子要贵得多。

叔三是画画之人，曾听他提到过老家有一位任姓任的画家，擅长画鱼，尤其是游动的小银鱼，栩栩如生，人称为"任影鱼"。我在柜台里就发现了两把"任影鱼"的扇面，欣喜若狂地喊："任影鱼"。

夏天太阳很毒很灼人，石板路反射出刺人的白光，过往行人有时就走铺面屋檐下找阴凉处躲之，熟人就会停下来拉家常。

卖扇子。江南炎热，扇子亦是必备，挥汗驱热常用的物件。只是等级不同，文人雅士用的比较讲究，扇骨要好，扇面要有字画。柜台里摆了些有字画的扇面，价钱比一般扇子要贵得多。叔叔是画画的，曾听他提到过老家有一位姓任的画家，擅长画鱼，尤其是游动的小银鱼，栩栩如生，人称为"任彩条"。我在柜台里就发现了两把"任彩条"的扇面，钦羡、兴奋地喊："任彩条。"

夏天太阳很炽烈灼人，石板路反射出刺人的白光，过往行人有时就在铺面屋檐下找阴凉处歇歇，熟人就会停下来拉家常。

中午大人小孩皆在阴凉的屋子休憩，非常安静，也有穿堂风，那就非常舒服了。午睡起来，我们三人试着沿着碎石垫街城（出城）走到海边，要经过一个残存的城门，城门外就临一条河，河上有桥通过。当地留下一个传说：在宋朝金人入侵南下，金兀术领兵攻海盐（正），宋将呼延灼不敌，撤回经过桥时把两根金鞭坠入河中。年代久，不知何时何朝，有一位农夫有锄在善霁中至河边，洗刷锄上污泥，（近处，两道）见水中金光闪灼，捞起来即是此对金鞭。于是喜得不归家。不料次日即罹病卧不能起，请医来，医生询问近日有何事故发生，乃报告捡鞭一事，

[十五] 朱家老宅

　　中午，大人、小孩皆在阴凉的屋里休憩，非常安静。如有穿堂风，那就非常舒服了。午睡起来，我们三人就冒着酷热从城里走到海边。出城要经过一个残存的城门，城门外就临一条河，河上有桥通过。当地留下一个传说：在宋朝，金人入侵南下，金兀术领兵攻至海盐，宋将呼延灼不敌，撤回经过桥时把两根金鞭坠入河中。事后，不知何时何朝，有一位农夫荷锄在暮霭中至河边，洗刷锄上污泥，见近处水中两道金光闪灼，捞起来即是此对金鞭。于是，喜得而归家。不料次日即罹病而不能起。请医来，医生询问近日有何事故发生，乃相告拾鞭一事。医嘱其家人快快将此双鞭还归河中，家人从之，来到河边，刚将鞭入水，鞭即变成两条金蛇蜿蜒游逝。这一传说到现今，大概只有花甲、古稀之年的老人才知道。因为河已填，桥早拆，城门也不复存在矣。

海盐朱宅

〔星原说〕

这并不是乃正家,海盐朱姓人家很多,大户、世家比比皆是。

海盐街景

"任彩条"扇面

油布伞

〔十六〕 瞬间的永恒

昔喔其家人挨之副将以双鞭捍河中。家人从之，未
到河边，副将鞭入水，即变化两条金蛇蜿蜒而逝。
这一传说到现今，大概只有七八十岁之年的老人才知道。
因为桥早拆，河已填，城门也不复存在矣。

从城门到海边，有好或里路。老远就听到海的
声音，闻到海的气息。从邻县海宁一直到海盐，每年
八月正中秋节前后，是观潮的最佳时节。我们就在
那时候到老家去。所以到海边去令人兴奋不已。
尤其是涨潮时，氛势澎湃，海水涌起，撞堤岸
而飞溅跳空，吼声如雷。将暑气涤涤一清。
我们选择退潮后，涨潮前到海滩，海水远在

〔十六〕瞬间的永恒

　　从城门到海边，有好几里路。老远就能听到海的声音，闻到海的气息。从邻县海宁一直到海盐，每年八月十五中秋节前后，是观潮的最佳时节。我们就是在那时候到老家的。所以到海边常令人兴奋不已，尤其是涨潮时，气势澎湃。海水涌起，撞击堤岸而飞溅跃空，吼声如雷，将暑气荡涤一清。我们选择退潮后、涨潮前到海数百步之外。踩着潮湿的沙滩，上面布满了大小砂石，一片亮晶晶地在闪烁。可以捡拾到各种好看的海螺和贝壳，还有爬到极快的小螃蟹。大人警告我们：不可以在退潮时游泳，因为海水会把你卷入到海里，一旦被海潮卷入，你再没有力气游回来。所以，我们也就在涨潮时下水。

涨潮之初。海水横贯也挪作速度卷来，始才没足，渐及膝。海浪缓而平舒。沈不久即至腹胸，推力也增大、海涛之声渐响。最后形成巨浪、最高时可达丈余。此刻吼声如雷。冲荡而至。人立此中已很难站稳，

海边爬得极快的小螃蟹

滩，海水远在数百步之外。踩着潮湿的沙滩，上面布满了大小砂石，一片片亮晶晶的，在闪烁。可以捡拾到各种好看的海螺和贝壳，还有爬得极快的小螃蟹。大人警告我们：不可以在退潮时游泳，因为海水会把你卷入海里，一旦被海潮卷入，你再没有力气往回游。所以，我们也就在涨潮时下水。

潮涨之初，海水横贯成排从远处卷来，始才没足，渐及膝。海浪缓而平舒。然不久即至腹胸，推力也增大，海涛之声渐响，最后形成巨浪，最高时可达丈余。此刻吼声如雷，冲涌而至。人在水中已很难站稳，只觉得腿

只觉得腿上有大小砂石在拷打，身躯被卷至围堤下。于是不得不爬上岸堤，奔跑回家，真是白浪滔天，惊涛拍岸，浪花迸溅入空中时不知道飞多少丈工。对此奇景象，在我们长期住东南城里的小孩眼里，是何等壮观。

从海滩回家，一路仍是狂风扑人，且多一阵可避除，所以只好连跑带跑地回家入城去。

小姑家确实阴凉，院内小天井里真有一口水井。那时尚无冰箱，买来的西瓜就放在竹篮里，用绳级到井里"冰"着。大半天再提起来切开吃，每每我们从海边嬉闹回来，就够吃到从井九里上有大小砂石在击打，身躯被卷送回堤下。于是不得不爬上高堤。蓦回首，真是白浪滔天，惊涛拍岸，浪花迸溅入空时或见道道彩虹。此番景象，在我们长期未离城市的小孩眼里，是何等壮观。

从海滩回家，一路仍是热气灼人，入城前，且无一处可避之阴，所以只好连蹦带跑地回宅。小姑家确实阴凉。院内小天井里真有一口水井。那时尚无冰箱，买来的西瓜就放在竹篮里，用绳吊放到井里"冰"着，大半天后再提起来切开吃。每当我们从海边游嬉回来，就能刚摘上来的西瓜，真觉爽口，酷热顿消。

在老家就如此悠闲地过了十数天。母亲又带我们返回上海，学校已开学了。

弹指又有近二十载矣。在人生途中仅是一瞬，然故乡已深留心中。世事纷繁，风云叱咤。等到廿世纪八十年代初，我才第二次重返故乡。儿时的印象巨变(发生)。

吃到从井水里刚捞上来的西瓜，真觉爽口，酷热顿消。

在老家就如此悠闲地过了十几天，母亲又带我们返回上海，学校已开学了。

虽然只有短短十数日，在人生途中总是一瞬，然故乡已深留心中。世事纷繁，风云代谢。等到二十世纪八十年代初，我才重游故乡。儿时的印象发生巨变。

海盐海滩

水井中的西瓜

[十六] 瞬间的永恒

[回望——朱乃正手书童年]

[十六] 瞬间的永恒

一九九一年，
为母亲祝寿

上補之逆畫至此失真意矣

蘇耆家蘭亭三本一是參政蘇
易簡題贊曰有若像夫子尚興闕里
冕貴顏蔡邕揖讓文舉尊且貽陵
自一閱真迹不復存含金籍出不可以比擬
瑞草三本當蘇舜元房上有易簡子者
天聖歲蘇耆子正王竟屋參政跛去才
開來齋書賞盡覽焉歎治才領子也

[十六] 瞬间的永恒

朱乃正的字
一九七四年早期书法
中国美术馆藏

鸣谢

在这本书的编辑出版中得到了许多朋友的帮助。特别感谢吉林出版集团编辑刘文辉女士，吉林艺术学院吴晓欧教授，中央美术学院设计学院博士候选人孙帅同学，朱乃正艺术研究中心主任助理刘家明、仇盛。

感谢朱乃正老师的故乡海盐各位朋友的大力协助：海盐县人大副主任马小平先生，海盐县人民政府原副县长、海盐县政协原副主席沈咏嘉先生，海盐县文化广电新闻出版局原局长郁惠祥先生，海盐县史志办主任宋明乐先生，海盐县文化广电新闻出版局办公室主任孔华丽女士，海盐县博物馆馆长李林先生，海盐县元济高级中学校长张再生先生，海盐县元济高级中学李伟老师和海盐县元济高级中学刘中英老师。

最后要特别感谢的是一位新浪微博名叫"草木希声"的网友，回应了我需要一张朱老师在他的童年回忆中谈到他们住的上海钱家巷的街景照片的要求。原来他是朱老师的"邻居"啊！而且很快就给我发来图片并解说道："地图上找不到钱家巷，搜索后发现镇宁路应该就是以前的钱家巷，所以我拍了一些镇宁路的图。"乃正老师的老家正是镇宁路。

谢谢一切给予我们支持、帮助和关注的人们。

曹星原
二〇一九年一月二十四日
写于朱乃正艺术研究中心

图书在版编目（CIP）数据

回望：朱乃正手书童年 / 朱乃正著；(美) 曹星原编. — 北京：东方出版社，2023.5

书名原文：回望——朱乃正手书童年

ISBN 978-7-5207-2654-2

Ⅰ.①回… Ⅱ.①朱…②曹… Ⅲ.①朱乃正－传记 Ⅳ.①K825.72

中国国家版本馆CIP数据核字(2023)第053910号

著作权合同登记号 图字：01-2022-0061

回望——朱乃正手书童年
（HUIWANG ZHUNAIZHENG SHOUSHU TONGNIAN）

作　　者：	朱乃正
编　　者：	[美]曹星原
策 划 人：	王莉莉
责任编辑：	刘　磊
产品经理：	丁胜杰
版式设计：	邢美丽
特邀设计：	刘家明　孙　帅
责任校对：	曹楠楠
出　　版：	东方出版社
发　　行：	人民东方出版传媒有限公司
地　　址：	北京市东城区朝阳门内大街166号
邮　　编：	100120
印　　刷：	北京联兴盛业印刷股份有限公司
版　　次：	2023年5月第1版
印　　次：	2023年5月第1次印刷
印　　数：	1—3000册
开　　本：	130毫米×185毫米　1/32
印　　张：	8
字　　数：	60千字
书　　号：	ISBN 978-7-5207-2654-2
定　　价：	68.00元
发行电话：	（010）85924663　85924644　85924641

版权所有，违者必究
如有印装质量问题，我社负责调换，请拨打电话：（010）85924602　85924603